Nèh

J'AI FAIM
Nourrir le bébé

Astuce
Observer la langue : elle touche le palais puis redescend.

Èh

J'AI BESOIN DE FAIRE UN ROT
Faire roter le bébé

Astuce
Tout au long de la journée, avant et après les tétées, penser à faire roter le bébé. Ne le nourrir que quand il ne dit plus èh.

Aoh

J'AI SOMMEIL
Aider le bébé à s'endormir

Astuce
Observer la forme ovale de la bouche en O due au réflexe de bâillement.

Èèrh

J'AI DES GAZ DANS LE BAS-VENTRE
Masser le bébé

Astuce
Le R de èèrh lui confère une résonance plus insistante, urgente. Observer les poings fermés et les jambes raides.

Hèh

JE SUIS INCONFORTABLE
Le bébé a chaud, froid ou mouillé sa couche

Astuce
Repérer un H doux, tel un souffle voilé dans le pleur. Vérifier si la couche est mouillée ou si un érythème est apparu. Sinon, changer la position du bébé ou adapter ses vêtements à la température ressentie.

Guèn

JE FAIS MES DENTS
Donner à mâchouiller

Astuce
Le bébé salive davantage que d'habitude. Il semble se masser les gencives l'une sur l'autre.

Lelaol

JE ME SENS SEUL(E)
Interagir avec le bébé

Astuce
Repérer le ton plaintif, calme et triste du mot.

Nah

J'AI SOIF
Donner à boire

Astuce
Observer la langue : elle glisse d'avant en arrière sans terminer le mouvement de succion du mot nèh.

Ouin

JE N'EN PEUX PLUS
Calmer le bébé

Astuce
Observer le corps : le menton tremble, les mouvements s'effectuent en brusques saccades, l'ensemble du corps est rigide, contracté. Seuls la bouche et l'œsophage restent très ouverts.

www.ilpleure.com

IL PLEURE, QUE DIT-IL ?

www.editions-jclattes.fr

Priscilla Dunstan

IL PLEURE, QUE DIT-IL ?

Décoder enfin le langage caché des bébés

Traduit de l'anglais
par Isabelle Crouzet

JC Lattès

Titre de l'édition originale
CALM THE CRYING
publiée par Avery, un département
de Penguin Group (USA) Inc. New York

Collection PARENT +
dirigée par Isabelle FILLIOZAT

Maquette de couverture : Atelier Didier Thimonier
Illustration : Hélène Crochemore

ISBN : 978-2-7096-5848-5

Première édition octobre 2016.

Cette édition a été publiée avec l'accord d'Avery, un département de Penguin Publishing Group, une division de Penguin Random House.

Et si on vous avait écouté
et compris toute votre vie,
depuis votre premier souffle,
votre premier cri ?

Sommaire

Présentation de la collection 11

Préface à l'édition française: Le langage caché des bébés 17

Introduction: Pourquoi et comment votre bébé pleure 51

I. Les mots des nouveau-nés

1. *Nèh*: j'ai faim 71
2. Solutions pour *nèh* 77
3. *Aoh*: j'ai sommeil 111
4. Solutions pour *aoh* 115
5. *Èh*: j'ai besoin de roter 141
6. Solutions pour *èh* 147

II. Les mots à six semaines

7. *Èèrh:* j'ai des gaz dans l'abdomen 167
8. Les solutions pour *èèrh* 173

9. *Hèh* et ses variations : «je suis inconfortable» 195
10. Les solutions pour *hèh* 201

III. Les mots de douze semaines

11. *Guèn* : j'ai mal aux gencives 227
12. Les solutions pour *guèn* 233
13. *Lelaol* : je me sens seul(-e) 241
14. Les solutions pour *lelaol* 247
15. *Nah* : j'ai soif 259
16. Les solutions pour *nah* 263
17. *Ouin* : je n'en peux plus 275
18. Les solutions pour *ouin* 283

Conclusion 299

Remerciements 301

Présentation de la collection

Le monde change, les enfants d'aujourd'hui ne vivent plus dans le même environnement que ceux d'hier, tout bouge. Entre laisser-faire et autorité, les comportements des parents oscillent. Cette collection ouvre une troisième voie, celle de la parentalité positive, qui s'attache à construire en positif plutôt qu'à répondre à ce qui est négatif. Elle s'intéresse aux causes plutôt qu'aux seuls effets, elle travaille en amont pour éviter l'apparition d'attitudes de blocage plutôt que tenter de les réprimer ou de les punir. Elle n'a pas pour but de « redresser » les comportements des enfants, mais d'améliorer la vie en commun de manière à ce que chacun soit plus heureux. La parentalité positive pense en termes de besoins, d'étape de développement, de maturation du cerveau, d'enseignement, de coaching et non en termes de caprices, de limites, de rapports de force et de domination.

En France, la théorie psychanalytique est encore la référence presque absolue. L'enfant y est vu comme animé de pulsions à contenir pour qu'il devienne un être social. Ses comportements sont perçus comme mus par le seul principe de plaisir auquel les adultes doivent opposer le principe de réalité. Dans ce modèle, le rôle du parent est donc logiquement de poser des limites aux désirs, à ce qui est interprété comme un caprice et à la toute-puissance de l'enfant. Une telle vision de la relation ne peut qu'engendrer nombre de conflits qui épuisent tant les parents que les enfants et altèrent la relation. Nombre de comportements sont vus comme des manifestations d'opposition aux exigences parentales ou sont interprétés comme des tentatives de manipulation. Dans ce paradigme, il est logique que le parent cherche à contrôler toujours plus, à mettre des limites et à cadrer. S'il n'est pas autoritaire, il est vu comme laxiste. Il « laisse tout faire ». Mais qui a dit qu'on ne pouvait changer de paradigme ?

John Bowlby (1907-1990), pédopsychiatre et psychanalyste anglais, n'arrivait pas à se satisfaire de cette approche. S'intéressant à la discipline scientifique naissante qu'était l'éthologie, il y a découvert l'empreinte et le besoin d'attachement. Au cours des années 1950, il a énoncé la théorie de l'attachement, s'opposant radicalement à la théorie psychanalytique des pulsions. L'enfant n'existe pas seul, il est un être de relation, un être social dès sa naissance. L'attachement se construit dans l'interaction entre le nourrisson et la personne qui s'occupe de lui. Les comportements de l'enfant, même et surtout les plus difficiles, ne cherchent pas à manipuler le parent, mais ont des causes. Ils expriment ses besoins, notamment d'attachement. Le rôle du parent est d'identifier ces besoins et de les nourrir.

Face aux comportements excessifs ou désagréables de nos enfants, la plupart des parents actuels se disent « elle me fait un caprice », « il est jaloux », « elle cherche l'attention », « il me teste », et réagissent en conséquence. Cette vision de l'enfant qui le et nous place dans un rapport de force permanent est issue de la théorie psychanalytique des pulsions.

La collection Parent +, résolument ancrée dans le paradigme de l'attachement, a pour but de présenter des informations sur le cerveau en développement, différentes approches de parentalité positive et surtout des outils concrets pour le quotidien. Car nous manquons à ce jour de pratiques concrètes de parentalité positive. Aimer son enfant est nécessaire, certes, mais pas suffisant pour faire face aux situations les plus banales du quotidien. Nous avons besoin d'idées, d'outils, d'exemples, pour nourrir nos attitudes parentales. Les modèles du passé ne nous conviennent plus, mais les alternatives sont peu développées. C'est une chose de dire qu'on ne tape plus, qu'on ne fait plus peur ni honte à nos enfants, mais alors que faire ? Que dire ? Comment agir face à leurs comportements inacceptables ? Nous le constatons tous les jours, crier et punir est inefficace. La preuve ? Il faut toujours recommencer. Comment faire autrement ? Nombreux sont les adultes qui pensent que, s'ils ne giflent, ne menacent, ni ne punissent, ils devront tout accepter, tous les comportements, toutes les demandes et toutes les réactions émotionnelles et qu'ils devront passer leur temps à expliquer le pourquoi du comment à leur gamin. Le parentage positif ne consiste ni à donner des récompenses ni à expliquer en permanence, mais à développer de nouvelles attitudes parentales, pédagogiques et efficaces. Le plus souvent, chacun d'entre nous se dira « Bon sang mais c'est bien sûr ! Pourquoi n'y ai-je pas songé plus tôt ? ». Nous n'y avons pas pensé parce que notre vision était inscrite dans un paradigme qui ne nous le permettait pas. D'autres, ailleurs, y ont pensé, ont expérimenté et ont écrit des livres que j'ai eu envie de présenter au public français.

Nous avons besoin d'un autre regard sur nos enfants et les motivations de leurs comportements pour accomplir le rêve de tout parent : leur donner les fondations de leur sécurité intérieure, les accompagner dans l'intégration de leur confiance en leur personne propre comme en leurs compétences, pour qu'ils réussissent à l'école et deviennent plus tard des adultes autonomes, intelligents, responsables et empathiques. Nous avons aussi besoin d'idées, d'exemples, d'astuces, de techniques simples et rapides pour qu'ils mettent leur casquette au soleil ou leurs bottes quand il pleut sans que cela fasse problème, pour partir à l'école à l'heure et sans stress, pour que les repas soient des moments agréables de partage, pour que le square ne soit pas une angoisse, pour qu'elle nous donne la main pour traverser la rue sans chercher à s'échapper, pour qu'il cesse de se chamailler avec sa sœur, pour qu'elle aille faire pipi aux toilettes et qu'il se lave, pour un coucher avec histoire mais sans histoires… Bref, pour un quotidien moins prise de tête, plus gai, plus libre, plus heureux.

I.F.

PRÉFACE À L'ÉDITION FRANÇAISE

Le langage caché des bébés

Votre bébé pleure. Que dit-il exactement ? Ne serait-ce pas merveilleux de le comprendre et de l'apaiser immédiatement ? Avec ce livre, vous apprendrez à détecter ce dont il a besoin, au moment où il en a besoin, simplement en l'écoutant.

Quelle que soit leur nationalité ou groupe ethnique, les nouveau-nés humains s'expriment dans une langue universelle. Ce langage, ignoré jusqu'alors, repose sur des réflexes physiologiques innés. Cette classification des pleurs des nourrissons va vous enseigner comment écouter votre bébé pour que, dès sa naissance, vous sachiez en reconnaître la cause. Vous les décoderez aussi facilement que si vous parliez tous les deux la même langue ! Vous trouverez ici décrite la correspondance entre les sons que vous percevez et les « mots » phonétiques du langage des bébés. Vous découvrirez que votre tout-petit vous dit, littéralement, s'il a faim, sommeil, froid, besoin de faire un rot ou mal au ventre. Il peut même vous signaler un trop-plein d'émotion ou des douleurs gingivales. Comme vous entendrez, comprendrez et saurez exactement ce qu'il exprime, vous répondrez à ses besoins rapidement et efficacement.

Tous les parents souhaitent calmer la détresse de leur nourrisson et se sentent impuissants et découragés quand ils n'y arrivent pas. Ce livre vous aidera à changer de point de vue : les pleurs de votre bébé ne vous apparaîtront plus comme autant de problèmes, mais, au contraire, ils seront l'occasion d'identifier des besoins précis, de les assouvir et ainsi de renforcer votre lien avec votre nouveau-né.

Cette classification des pleurs des nourrissons et le langage qui en découle résultent de treize années de recherches. Ils ont donné matière à de nombreuses études internationales. Dans plus de trente pays, des infirmières, des pédiatres et d'autres professionnels de la santé les enseignent. Au moins un million de bébés en ont déjà bénéficié. Cette approche élimine une grande partie de la frustration qu'éprouvent les parents lorsque, à l'aveuglette, à coups d'essais et d'erreurs, ils s'efforcent de deviner comment soulager leur tout-petit.

Partout dans le monde, un nombre incalculable de parents m'ont raconté comment leur capacité à décoder les pleurs de leur bébé a changé leur vie, en réduisant leur stress, en développant leur confiance et en renforçant l'attachement à leur enfant. Des études indépendantes ont démontré ces effets bénéfiques. Les papas découvrent combien ils aiment s'occuper de leur tout-petit quand ils décryptent ses signaux de détresse et savent y répondre. C'est un peu comme s'ils disposaient d'un « GPS à bébé » : ils connaissent la route la plus directe vers son bien-être. Les parents surchargés de travail profitent au mieux du temps consacré à leur nouveau-né. Les grands-parents et autres membres de la famille, frères et sœurs compris, peuvent utiliser cette méthode pour se mettre au diapason du petit dernier. Les nounous et baby-sitters aussi ! Enfin, ce n'est pas rien, il est fort possible que toute la famille dorme mieux !

Au total, vous découvrirez dans les pleurs de votre bébé près de dix mots, dont trois prononcés dès la naissance. Nous commencerons par ces trois premiers mots. Dans ce livre, je décris en détail les sons à repérer dans les pleurs, je vous explique comment les bébés les produisent, puis je vous propose des techniques d'apaisement.

Plus vous pratiquerez l'écoute de ces mots avec votre enfant, plus votre aptitude à décrypter les besoins exprimés se renforcera. Si vous savez comment calmer les pleurs de votre bébé, vous pouvez vous caler sur son rythme biologique et créer une routine efficace pour tout le monde dans la famille. Parfois, cette routine demande au bébé un peu d'effort d'adaptation. Or un bébé heureux, dont les besoins sont satisfaits, s'adapte mieux qu'un bébé fatigué, affamé et irrité. (C'est d'ailleurs vrai aussi pour les adultes !)

En prime, il est plus facile de s'attacher à un bébé qui ne pleure pas et de nourrir avec lui un lien fort. En calmant les pleurs, vous gagnez du temps et de la disponibilité pour l'attachement. On se sent tellement bien en donnant à son bébé le plus beau des cadeaux : se savoir entendu et compris.

Comment j'ai découvert le langage caché des bébés

Je suis née avec une ouïe plus développée que la plupart des gens et j'ai un don pour reconnaître les formes sonores. Avant même de naître, j'écoutais de la musique, car ma mère enseignait cette matière. Toute petite, j'allais aux concerts avec elle. À deux ans, je suis devenue obsédée par le violon et j'ai voulu apprendre à en jouer. Ralliés à mon enthousiasme, mes parents l'ont nourri.

Comme mes aptitudes musicales se développaient bien plus rapidement que ma capacité à lire les partitions, ma mère me chantait les mélodies ou me les jouait au piano et je les lui répétais au violon. Elle m'a vue interpréter note pour note un concerto entier après l'avoir entendu une seule fois. Ainsi, mes parents ont compris que j'avais une mémoire eidétique, aussi appelée photographique.

Mon talent pour la reconnaissance des formes s'exprimait encore mieux quand je connaissais un compositeur. J'étais en général capable de deviner la direction que sa musique prendrait et la suite de la partition d'un instrument ou d'un autre.

Au quotidien, mon don n'était pas toujours facile à vivre. Le décalage entre ce que les gens disaient et l'émotion que je percevais dans leur voix me rendait souvent perplexe. Pour moi, il était évident que leurs mots exprimaient une chose et leur voix une autre ! Mon extraordinaire ouïe provoquait l'incompréhension : certaines personnes avaient du mal à croire que j'entendais vraiment tout avec une telle acuité.

Après le violon, j'ai travaillé ma voix et suis devenue chanteuse lyrique. J'ai appris la technique du bel canto qui utilise le corps comme un instrument. Grâce au bel canto, les chanteurs produisent la note parfaite, qu'il s'agisse de provoquer les larmes de l'auditoire, de se faire entendre en public sans micro ou de casser un verre. J'ai appris auprès de professionnels comment la contraction d'un seul de mes muscles peut changer le son que j'émets.

J'étais fascinée par l'impact d'un repas un peu trop lourd ou d'un état mental sur mon chant et ma voix. Un problème de cœur ? La fréquence du son augmente et la voix monte vers l'aigu. Enfin, je comprenais ce que j'entendais dans les voix des autres depuis toute petite. Cela s'expliquait et c'était physique.

La meilleure manière de vous décrire mon don est de procéder à une analogie. Là où la plupart des gens entendent un seul instrument dans le solo d'un violon, moi je perçois une symphonie de sons : j'entends plusieurs partitions. Dans la voix parlée, j'entends certes les mots, mais aussi leur prononciation en terme de fréquence, de hauteur. J'entends aussi le corps s'exprimer. Quand nous mentons, notre pouls augmente, notre cœur s'emballe et notre bouche s'assèche. Ces modifications physiques rendent notre voix plus agressive, plus cassante. Quand nous nous énervons ou nous angoissons, nous élevons la hauteur tonale de notre voix. Si nous éprouvons de la peur, des « trous » harmoniques se forment dans nos mots. Cette information peut rester plusieurs jours dans la voix. Parfois, elle s'installe plus longtemps encore. Je peux assurer que la voix garde facilement jusqu'à trois jours d'information émotionnelle. Pour cette raison, les chanteurs d'opéra professionnels se protègent autant qu'ils le peuvent avant un concert.

À mon talent inné s'ajoute mon expérience de petite fille dernière née d'une fratrie de six enfants bruyants, jamais avares de paroles. J'ai passé mon enfance à écouter ma famille sans avoir le sentiment d'être entendue.

Vous comprenez pourquoi, quand mon fils Tom est né, j'étais hypersensible à ses pleurs. Je voulais vraiment qu'il soit compris. Dès sa naissance, j'étais persuadée que ses pleurs signifiaient quelque chose. Sauf que ce sens m'échappait complètement ! Et il pleurait beaucoup. Quand il se calmait, je ne savais pas ce qui avait fait cesser ses hurlements ; ni pourquoi il dormait par petits bouts de cinq ou dix minutes puis se réveillait en criant. Quoi que je fasse, rien ne semblait l'aider vraiment. Je me sentais au plus bas : moi, sa mère, je n'arrivais pas à satisfaire ses besoins et à interrompre ses pleurs.

Une conseillère en allaitement m'a expliqué que Tom avait des coliques. D'après elle, j'allais très vite apprendre le sens de ses cris et savoir quand il avait mal au ventre. Je lui ai demandé quel cri je devais repérer, comment le distinguer des autres. Elle n'a pas su me répondre. Personne n'a pu me répondre. J'ai acheté tous les livres sur les pleurs des bébés que j'ai pu trouver, mais aucun n'expliquait comment trier et décoder les cris des bébés. Ils regorgeaient de graphes, de mesures en décibels, mais n'apportaient aucune aide aux parents cherchant désespérément à calmer leur inconsolable bébé.

Je me souviens parfaitement du premier pas vers la sortie du tunnel. Il était environ 3 heures du matin et nous venions d'enchaîner plusieurs jours particulièrement difficiles. Tom s'était de nouveau réveillé en hurlant. Je savais qu'il crierait une bonne heure avant de s'arrêter. J'ai tout essayé pour l'apaiser, sans effet. Alors je l'ai pris dans mes bras, je me suis assise par terre, dos au mur et nous avons pleuré ensemble. Je me rappelle son regard croisant le mien tandis qu'il criait et se contorsionnait dans sa détresse. Je me sentais complètement nulle, inadéquate, inutile.

À cet instant précis, j'ai su qu'il fallait que je fasse quelque chose. Il fallait que cela cesse, mais je ne pouvais compter que sur moi, l'adulte. Mon fils n'y pouvait rien. C'était à moi d'agir.

Je ne me sentais pas à la hauteur avec un bébé, mais je me savais douée avec les sons, en particulier avec les structures sonores. Alors je suis entrée dans la cuisine et j'ai pris un vieux carnet. Pour commencer, j'allais décrire les sons des pleurs. Si je transcrivais tous les sons, toutes les structures, peut-être que je parviendrais à me rappeler chaque cri et la solution qui l'avait fait cesser.

J'ai baptisé chaque son dans les pleurs d'un nom phonétique, basé sur ce que j'entendais. Celui-ci contenait un *è*, celui-là un *n* ; cet autre un *a*.

C'est comme cela que tout a commencé. J'ai tenu un Journal des pleurs dans lequel, chaque fois que Tom pleurait, c'est-à-dire très souvent, je notais les noms phonétiques des sons qu'il produisait et, si j'arrivais à les calmer, je décrivais comment j'avais fait. J'ai créé un tableau avec, en regard de chaque son, la solution correspondante. Progressivement, une cohérence a émergé : certains sons s'associaient systématiquement à la même solution. Petit à petit, notre vie est devenue plus paisible.

Au fur et à mesure, je me suis mise au diapason de mon fils. J'ai même réussi à sortir avec lui jusqu'au centre commercial proche de chez moi. Avant mon Journal des pleurs, cette promenade aurait été totalement impossible. Alors que je parcourais les allées du centre, j'ai croisé d'autres parents avec leur bébé. Surprise : ces bébés pleuraient de la même façon que Tom ! J'ai repéré dans leurs pleurs les mêmes structures phonétiques que chez Tom. J'ai aussi remarqué que quand un parent réagissait avec une des solutions que j'avais identifiées pour un pleur spécifique, alors le bébé se calmait. Sinon, il continuait de pleurer. Ce fut une nouvelle révélation : j'avais cru que chaque bébé criait différemment. J'étais persuadée que j'avais été particulièrement lente et incompétente à enclencher mon intuition maternelle. Et je découvrais que je n'étais pas la seule.

Alors j'ai pris contact avec un groupe de parole pour jeunes parents. Là, j'ai interrogé les personnes du groupe sur leur expérience avec les pleurs de leur bébé. Aux parents qui m'ont demandé comment j'avais appris à décrypter les cris de mon fils, j'ai décrit mon tableau, dont ils ont voulu une copie. Je leur en ai donné une et leur ai demandé de me contacter afin de me donner des nouvelles.

Le lendemain de ma distribution, la totalité des parents m'a téléphoné : le tableau avait changé leur vie. Tant et si bien qu'ils le distribuaient à tous leurs amis, aux parents et futurs parents autour d'eux. Quelle belle leçon pour moi !

Un peu plus tard, j'ai été contactée par des médecins à la recherche d'une méthode d'accompagnement des parents de nouveau-nés pendant les premières semaines et premiers mois après la naissance. Mon tableau avait fait son chemin jusqu'à leurs boîtes mail et ils voulaient savoir comment je l'avais créé, comment mon système fonctionnait. J'ai alors compris que ma « découverte » pouvait aider d'autres familles à ne jamais traverser de moment aussi affreux que celui que j'avais vécu avec Tom, cette fameuse nuit où nous avions pleuré ensemble.

À la poursuite de la preuve scientifique

Je viens d'une famille d'intellectuels pour qui les données et les preuves sont importantes. Je savais que mon « langage » fonctionnait, mais je ne savais pas pourquoi. Si je voulais aider d'autres mères en difficulté en soumettant ce langage à l'examen public, de toute évidence, je devais obtenir un ensemble de preuves selon les normes scientifiques les plus rigoureuses. Épaulée par mon père, docteur en psychologie infantile et spécialiste en évaluation éducative en tant que directeur du Centre d'évaluation psychocognitive de l'Université de Nouvelle-Galles-du-Sud, je me suis lancée dans un programme de recherche qui s'est finalement étalé sur treize ans. J'ai pris des bureaux à Sydney et j'ai travaillé avec des familles (principalement des mères et leurs bébés) pour rassembler des données. Ces bureaux sont à l'origine du véritable centre de recherche clinique que j'ai créé par la suite. Au total, mes recherches ont porté dans sept pays sur plus de mille bébés et leurs parents, représentant plus de trente ethnies différentes. Elles se sont succédé en cinq phases.

Première étape : analyse et description des pleurs

Pendant la première étape, afin d'analyser les pleurs, j'ai écouté et regardé plusieurs centaines de bébés, à la fois en face à face et en vidéo chez des médecins, à l'hôpital, dans des maternités ou au sein de mon propre centre de recherche, dans des squares et même des centres commerciaux.

Je voulais aussi savoir si les nourrissons pleuraient de la même manière de par le monde. Alors j'ai acheté de nombreuses caméras vidéo d'occasion et j'en ai envoyé une à toutes mes connaissances en partance pour l'étranger. Une fois arrivées à destination, ces personnes ont rencontré des sages-femmes et ont enregistré des pleurs de nourrisson. J'ai aussi contacté des hôpitaux du monde entier et demandé des enregistrements de pleurs. Ainsi, j'ai pu écouter des bébés de toutes sortes de cultures et poser les bases de mon idée de structures sonores universelles. Puis j'ai effectué des recherches observationnelles dans un certain nombre de pays, dont les États-Unis, la Suède, la Turquie, la Nouvelle-Zélande, l'Australie et Tahiti en Polynésie française.

C'était vraiment incroyable, d'entendre chez tous ces bébés exactement les mêmes cris que ceux de Tom !

Deuxième étape : la classification des pleurs

La deuxième phase m'a permis de classer les pleurs : avec l'aide de mon père, j'ai mis en place un protocole d'enregistrement, de description et de classement des cinq premiers pleurs. Je recrutais les mamans volontaires en passant des petites annonces. Chez elles, je filmais le bébé en pleurs et leurs efforts d'apaisement. Je rassemblais le tout sur mon ordinateur puis m'installais devant mon écran pour trier, décrire les pleurs et les solutions mises en œuvre par les mamans.

Cette deuxième étape de mes recherches s'est prolongée sur trois ans. C'est le temps dont j'ai eu besoin pour comprendre que les sons étaient associés aux réflexes archaïques des nourrissons. Cela faisait des années que je cherchais leur cause physiologique. On me demandait de publier ma classification, mais je n'étais pas à l'aise avec l'idée tant que je ne comprenais pas comment « ça fonctionnait ». Quels que soient les contextes, les cultures, les ethnies, absolument tous les bébés produisaient les mêmes sons, avec les mêmes significations. Comment était-ce possible ? Dans leur enthousiasme, les infirmières, les parents et les médecins qui utilisaient mon approche me disaient que j'avais découvert un langage « spirituel ». Je savais qu'il devait y avoir une raison plus rationnelle, plus intelligible et je me suis pliée en quatre pour la trouver.

Drôle de coïncidence, j'étudiais alors les réflexes archaïques, par intérêt personnel. Je prenais aussi des cours d'anatomie, pour le fun. Je suis fortement dyslexique et j'ai du mal à me souvenir de lettres ou de nombres dans un ordre particulier. Pour apprendre, je dois utiliser autant de méthodes que possible, emprunter plusieurs chemins. Pour retenir mes cours d'anatomie, j'avais décidé de me faire masser et d'utiliser la session en révisant dans ma tête le nom des muscles et des os au fur et à mesure du massage. J'ai ainsi rencontré une masseuse très expressive, qui n'a pas été avare en rires, en éternuements (à la mise en route de la machine à vapeur) et en cris (en se cognant un doigt de pied). Cet étalage de réflexes et de sons chez l'adulte m'a soufflé l'idée clé : les mots que j'entendais dans les pleurs des bébés venaient peut-être de réflexes. J'ai foncé sur mon ordinateur à la recherche d'un lien.

Le premier mot auquel je me suis attelée est *nèh*, le mot de la faim. Je connaissais le réflexe de succion des bébés. J'ai observé de près les bébés que j'avais filmés émettant le son équivalent à *nèh*, avec un intérêt tout particulier pour leur bouche avant le premier pré-cri. Puis j'ai comparé ces bébés avec d'autres exprimant d'autres « mots ». J'avais remarqué que les bébés âgés de quatre mois ne continuaient à dire *nèh* dans leurs pleurs que si leurs *nèh* de nouveau-né avaient été décryptés et satisfaits. Pourquoi un son se manifesterait-il pendant une courte période pour disparaître ensuite si on ne le décodait pas ? Bingo : à quatre mois, le son changeait si le réflexe de succion changeait.

Une fois que je connaissais la raison physiologique derrière un son, non seulement le mot se trouvait automatiquement validé, mais les solutions se sont imposées d'elles-mêmes. Certains mots furent plus faciles à associer à un réflexe que d'autres. Le mot *hèh* (« je suis inconfortable ») m'a donné du fil à retordre. Comment un seul son pouvait-il signifier autant de gênes différentes ? Avoir chaud, c'est l'inverse d'avoir froid ! Et que venaient faire les érythèmes fessiers dans cette histoire ? Je n'ai commencé à comprendre le fonctionnement de *hèh* que quand j'ai travaillé sur la peau, les stimuli auxquels elle réagissait et leurs conséquences sur les muscles et le mouvement. La peau servait à la fois de récepteur sensoriel, d'informateur et de catalyseur pour d'autres réflexes.

Le mot *aoh*, indiquant la fatigue, a posé moins de difficultés parce que, comme d'autres chanteurs, j'utilise le bâillement comme technique de chant lyrique. Quand on chante avec la bouche positionnée pour un bâillement, on peut sculpter la note parfaite. De plus, un bâillement s'imite facilement et les bébés n'ont pas de difficulté à nous en faire la démonstration.

J'ai relié chaque son à un réflexe avec une méthode toute simple : j'ai écouté et regardé des films de nourrissons en pleurs et j'ai laissé mon cerveau trouver des connexions. D'abord, j'ai repéré puis isolé une « signature sonore » dans un certain nombre de cris. J'ai ensuite cherché à reproduire les conditions d'émission du son. Bien évidemment, comme je manipulais un grand nombre de variables, j'ai eu de nombreux doutes en chemin. Dans ces moments difficiles, j'ai toujours fait appel à mon don d'écoute. Je m'asseyais parmi des nourrissons en pleurs et je les écoutais. Souvent, j'entendais alors des nuances dans l'information sonore qui n'étaient pas perceptibles dans les enregistrements.

Plus j'avançais, plus je gagnais en assurance. Après tout, j'avais grandi entourée de nombreux animaux et je savais détecter différents sons et différents appels dans leurs cris. À mon sens, il était évident que certains miaulements, aboiements ou gémissements avaient une signification différente ou signalaient un problème différent. De même pour les meuglements des vaches ou les hennissements des chevaux. Ces animaux n'avaient pas appris à « parler » et n'étaient pas dotés d'une intelligence particulièrement élevée. Pourtant, ils étaient compréhensibles, ils communiquaient. Je me suis dit que j'étais en train de mettre en évidence l'équivalent humain à l'aboiement d'un chien et au miaulement d'un chat, un mode d'expression à l'œuvre avant même que nous puissions acquérir des connaissances ou contrôler nos corps : une façon innée de communiquer, héritage des temps archaïques.

Au fil de mes recherches, tandis que j'associais les sons contenus dans les pleurs à des besoins spécifiques, il m'a paru évident que ces pleurs avaient une origine physique et non émotionnelle, à l'inverse des croyances traditionnelles. En d'autres termes, un bébé ne pleure pas parce qu'il veut quelque chose (origine émotionnelle), mais parce qu'il a un besoin physique et que le pleur est corrélé à ce besoin physique.

Une fois chaque son associé à un réflexe physiologique, j'ai enchaîné avec la troisième phase de mes recherches, celle de l'enquête avec intervention.

Troisième étape : étude observationnelle avec intervention

Cette troisième phase des recherches visait à prouver qu'un son particulier traduisait constamment un même besoin, que le bébé cessait de pleurer non pas parce que sa maman l'avait pris dans ses bras, mais parce que son besoin spécifique avait été satisfait. Pour cela, j'ai mis au point un protocole d'interventions en regard d'une situation de « contrôle ». En recherche clinique, cette méthodologie permet de trouver les causes d'une maladie. Je cherchais simplement à prouver les causes de chaque cri spécifique. Pour observer et analyser l'effet de mon intervention à la fois dans la pratique parentale et sur les pleurs des bébés, j'ai préparé une nouvelle vidéo avec trois des « mots » dont j'étais absolument sûre (je les appelle aujourd'hui « les trois premiers mots des nouveau-nés »), puis j'ai passé une autre petite annonce à la recherche de mères souhaitant faire l'expérience d'une nouvelle approche pour s'occuper de leur bébé.

J'ai reçu un déluge de réponses ! Comme j'avais associé chaque pleur à un réflexe physiologique, je me suis d'abord assuré que tous les enfants passaient avec succès les différents tests de déclenchement des réflexes pratiqués par les médecins. Par exemple, j'ai vérifié le réflexe de succion en glissant un doigt ou une tétine dans la bouche des bébés avant d'enregistrer leurs pleurs, afin de m'assurer que les bébés sauraient émettre le mot *nèh* (j'ai faim). Et de nouveau, j'ai filmé les mamans et leur bébé. Je les ai questionnées sur leur interprétation des besoins de leur petit et les réponses qu'elles choisissaient. En partant, je leur ai donné une copie de la vidéo des trois premiers mots des nouveau-nés accompagnée d'une liste de solutions à déployer quand elles reconnaissaient un mot dans les pleurs. Dix jours plus tard, je suis retournée chez elles et les ai filmées et interrogées.

Les résultats étaient incroyables. Non seulement tous les parents parvenaient à reconnaître les sons dans les pleurs de leur bébé, mais la plupart associaient aussi ce son à un besoin précis, avec un impact spectaculaire sur leur qualité de vie. Je me rappelle un couple en grande difficulté : les pleurs constants du bébé et l'attention permanente qu'il demandait avaient tendu la relation entre les parents à un point critique. Ces derniers se disputaient en permanence sur la façon de gérer leur petit. En s'aidant de la vidéo, ils ont réussi à le calmer complètement, à résoudre leurs divergences de points de vue et à ressouder leur couple. Ce « langage » pouvait donc vraiment faire la différence !

Autre conséquence directe de l'expérience : les parents avaient repris confiance en eux. Dix jours d'utilisation du langage avaient suffi pour changer leur façon de se percevoir. L'atmosphère de leur foyer s'était améliorée, elle aussi.

Je me souviens du jour où j'ai compris que ma méthode apporterait un profond potentiel de changement sur les parents et les bébés. Je rendais visite à une amie et à son mari afin de les aider avec leur bébé, un magnifique petit braillard. Mon amie était une femme très organisée, très compétente dans son travail. Sa maison avait toujours été impeccable. Mais dès qu'elle m'a ouvert sa porte, j'ai senti à quel point les choses étaient tendues. Dans la pièce principale, le désordre régnait. Mon amie semblait sur le point d'exploser en sanglots. Dans la cuisine adjacente, des portes de placard claquaient, des assiettes s'entrechoquaient. J'ai immédiatement compris qu'au moment où j'avais sonné, j'avais interrompu une dispute entre elle et son mari.

Deux semaines plus tard, je suis retournée voir comment ils se débrouillaient avec mon système de classification des pleurs. La maison était rutilante. Mon amie m'a accueillie le sourire aux lèvres tandis que j'entendais son bébé gazouiller tranquillement. Son mari m'a proposé une tasse de thé, ce qui, en Australie, relève de la plus élémentaire des politesses. Mais surtout, à eux deux, ils ont réussi à me la servir avant que je ne parte ! Depuis, j'ai maintes fois constaté ce changement remarquable chez les parents, les enfants et dans les maisons.

Ensuite, il a fallu que je me sorte moi-même de l'équation. Le langage devait être compréhensible en lui-même sans explication ou indication particulière venant de moi.

J'ai alors mis au point une autre étude expérimentale en trois groupes, avec une soixantaine de bébés testés par week-end. Pour chaque groupe, les participants ont été recrutés par échantillonnage aléatoire. Au premier groupe, nous avons donné la bonne traduction des pleurs, au deuxième, une traduction incorrecte et au troisième, aucune traduction. Puis nous avons testé les mères et les bébés au hasard sur différents mots, différentes solutions, à différents moments de la journée. Le même processus s'est répété avec différents échantillons dans diverses villes, sur plusieurs mois. Toutes les observations ont été filmées, classées et ajoutées au corpus toujours grandissant de preuves à l'appui de mon hypothèse : des mots se cachaient dans les pleurs des bébés.

Quatrième phase : la contribution des chercheurs universitaires

Le projet grossissait encore et encore, alimenté par des chercheurs, des professeurs et des universités du monde entier. Pour moi, la participation la plus importante est venue des professeurs et chercheurs de la célèbre université américaine Brown et plus spécifiquement de la consultation des pleurs, des coliques et du sommeil, aussi appelée la « consultation colique », où les professeurs Linda LaGasse et Barry Lester ont été extraordinairement généreux en temps et en suggestions. Tout d'abord, ils sont venus en Australie regarder comment je travaillais et ont passé des heures à étudier les résultats. Puis ils m'ont invitée dans leur université, à Rhode Island, où nous avons affiné les protocoles de l'étude du langage des bébés, de l'hypothèse à la mesure des observations.

En arrivant là-bas, j'ai été très surprise de découvrir l'écart entre l'approche de ces spécialistes et ma façon d'aborder le problème des pleurs.

D'abord, je m'intéressais à toute la vocalisation des pleurs, en commençant par le pré-cri jusqu'au hurlement. Les autres chercheurs ignoraient le pré-cri et se concentraient uniquement sur la phase la plus bruyante. Ensuite, ils étudiaient le pleur dans son intégralité, alors que je centrais mon attention sur certains sons à l'intérieur du cri.

À cette époque, j'étais déjà convaincue que les pleurs d'un bébé avaient une signification – sans doute parce que j'étais une mère. Si un cri avait un sens, alors il devait y avoir une indication sonore dans le cri pour m'aiguiller. Aux temps préhistoriques, les pleurs d'un nourrisson auraient alerté un prédateur et l'auraient attiré. J'ai posé l'hypothèse que la nature avait contrebalancé ce risque mortel avec une fonction utile pour l'espèce humaine. Pour moi, cela signifiait nécessairement que le cri contenait une information sur le besoin du bébé. L'évolution n'aurait pas toléré qu'une erreur aussi fondamentale – une espèce dont les rejetons vulnérables attiraient les prédateurs – se perpétue sans le moindre bénéfice associé. Pour que les pleurs d'un nourrisson apportent quelque chose à l'humanité, il serait judicieux qu'ils aient une signification et aident les parents à s'occuper de leurs petits.

Voilà pourquoi je m'intéressais aux pré-cris : si mon hypothèse était juste, en écoutant les vocalisations calmes du pré-cri, un parent pouvait satisfaire les besoins de son bébé avant qu'il ne crie à pleins poumons et n'attire un prédateur.

J'entrais alors directement en conflit avec le point de vue traditionnel qui veut que les pleurs d'un nourrisson n'aient aucune explication précise, autrement dit, qu'il n'y ait pas de différence dans les pleurs selon les divers besoins. Mais toutes mes études prouvent que les bébés ont bien des raisons spécifiques de pleurer et que leurs pleurs varient en fonction de leurs besoins. Les parents peuvent rapidement apprendre à différencier les pleurs et donc répondre plus adéquatement au besoin exprimé par leur enfant.

Dans mes voyages autour du monde, tandis que j'analysais les pleurs des bébés et les pratiques parentales dans des sociétés tribales, j'ai remarqué que les bébés ne hurlaient pas autant que dans les sociétés occidentales. Cette observation m'a confortée dans l'idée que les pré-cris contenaient de l'information à caractère préventif.

À l'Université Brown, nous avons donc passé de nombreux mois à affiner les paramètres et les données à récolter, à écrire les protocoles de l'étude et à travailler avec les chercheurs de nombreuses autres universités, spécifiquement sur l'éthique et la mise en œuvre de telles études.

Cinquième étape : l'étude internationale indépendante

Ces efforts ont accouché d'une étude indépendante réalisée en Australie, aux États-Unis et au Royaume-Uni, avec une version simplifiée du protocole complet d'origine, du fait des contraintes budgétaires et logistiques d'un projet international.

En Australie et aux États-Unis, l'étude menée par le groupe Leading Edge s'est attaquée à deux objectifs : d'abord, valider l'idée que les parents pouvaient apprendre à identifier précisément les sons dans les pleurs de leur nourrisson, ensuite, prouver l'efficacité de l'approche et ses conséquences immédiates sur le parentage. Au Royaume-Uni, l'institut d'étude 2CV a repris ces mêmes paramètres et obtenu des résultats similaires.

Une fois les échantillons de contrôle et de test constitués et associés les uns aux autres, nous avons obtenu deux groupes de mères de bébés nés à terme, de groupes ethniques divers et d'expérience variable (certaines venaient d'accoucher de leur premier enfant, d'autres avaient plus d'expérience). Chaque mère remplissait elle-même les formulaires de recueil de données, notamment le Maternal Self-Esteem Inventory, questionnaire dressant l'état des lieux de l'estime de soi maternelle et le Parental Stress Index, outil d'évaluation du niveau de stress parental. Ces deux instruments d'étude sont généralement faciles à prendre en main, quels que soient le niveau d'aisance avec la langue ou le niveau d'étude.

Au premier groupe de mères, nous avons donné un DVD ne contenant que les solutions (comment faire roter son bébé, quelles postures utiliser quand on le nourrit...). L'autre groupe obtenait un DVD offrant les explications sur le langage des bébés en plus des solutions. Afin que les DVD des deux groupes aient la même durée et donc que les mères soient exposées à la même quantité d'information « aidante », nous avons modifié le contenu des solutions dans le DVD « solutions seules ».

Les résultats parlent d'eux-mêmes :

- 90 % de toutes les mères déclarent que leur habileté à reconnaître les cinq premiers pleurs de leur bébé les a énormément aidées.
- 100 % des mères d'un premier enfant décrivent l'outil comme précieux.
- 70 % annoncent que leur bébé se calme plus vite.
- 50 % des mères dorment mieux parce que leur bébé fait ses nuits.
- 70 % ont exprimé un niveau de confiance et d'estime de soi supérieur, une baisse de stress

et un sentiment d'être plus détendue et davantage aux commandes.

- 50 % ont ressenti un attachement plus fort à leur bébé.

- 50 % ont déclaré que les tétées se passaient mieux.

- 67 % des pères ressentent une baisse du niveau de stress dans leur foyer et une meilleure relation conjugale suite à leur plus grande implication en tant que père.

L'étude n'a porté que sur un nombre réduit de sons (les cinq premiers) et sur un minimum de solutions et explications. Ces résultats stupéfiants ont attiré l'attention des médias et j'ai pu les présenter dans de nombreuses émissions sur les chaînes de télévision nationales. Les magazines pour parents et les quotidiens ont couvert le sujet, puis les radios m'ont contactée les unes après les autres, telle une nuée d'abeilles sur un pot de miel.

Depuis que j'ai mis au point le langage des bébés décrit dans ce livre, j'ai travaillé avec des linguistes, des sociologues, des pédiatres et des psychologues. Je suis passée à la télévision, j'ai voyagé un peu partout dans le monde et j'ai rencontré toutes sortes de parents, des familles royales aux plus démunies. Ils ont tous en commun le simple espoir de comprendre les pleurs de leur bébé. J'ai écouté des centaines de bébés et j'ai découvert dans leurs voix une complexité comparable à celle que je perçois chez les adultes. Deux jours après avoir passé une nuit à hurler, un bébé a des « trous » dans ses phrases vocales, comme un adulte après un gros coup de stress. S'il traverse une phase émotionnellement difficile ou est régulièrement débordé par ses émotions, la fréquence de sa voix augmente, comparée à la voix d'un bébé bien dans sa peau.

Aujourd'hui, je suis stupéfaite et émue de voir tant de parents déployer la méthode que j'ai mise au point et ainsi créer un foyer plus calme, plus douillet pour nos merveilleux petits bouts de chou.

La découverte des différences entre pays

Plus le langage des bébés se faisait connaître, plus j'ai pu voyager à l'étranger, poursuivre mes recherches et proposer mes services, parfois à des fins philanthropiques. Certains rêves de voyage sont devenus réalité et j'ai pu étudier le langage là où je ne pensais jamais réussir à aller. Ma plus grande découverte s'est produite en Thaïlande avec le mot de la soif, *nah*. Pour mon premier voyage, il a fait incroyablement chaud. Là-bas, j'ai constaté que je n'entendais pas *nèh*, le mot de la faim, autant que d'habitude. À la place, j'entendais souvent *nah*, chez les parents, mais aussi dans les studios de tournage bénéficiant de l'air conditionné. Quand ils disaient *nah*, les bébés réagissaient positivement au sein. C'est ainsi que j'ai commencé à étudier le lien entre le contexte et les sons. Les bébés peuvent dire les mêmes sons, mais ces sons dépendent de leur besoin.

Les sages-femmes et pédiatres thaïlandais avec qui j'ai discuté m'ont tous déclaré qu'ils avaient conscience de la soif et de la faim comme deux besoins infantiles distincts. J'ai poursuivi mes recherches sur les sons des nourrissons et les techniques de parentalité dans différents pays et j'ai peu à peu ajouté des sons au langage.

Chaque pays que je visite requiert une traduction spécifique des pleurs, y compris la France. Je traduis les mêmes sons, mais ils doivent être compris dans une autre langue, un autre environnement, avec en arrière-plan des croyances parentales et des dynamiques familiales différentes. L'onde sonore, telle une vague, se propage en cercles concentriques. Les douze mots décrits dans ce livre représentent dans votre langue les « cercles » sonores produits par les bébés. D'une langue à l'autre, ces représentations diffèrent forcément les unes des autres, contraintes par les sons disponibles et reproductibles dans chaque langue. Je transige pour chaque traduction et, la plupart du temps, je ne parviens à reproduire avec fidélité que la moitié de l'onde sonore. À ce titre, je trouve particulièrement intéressante l'adaptation en français du pleur signifiant « je n'en peux plus », quand le bébé signale un trop-plein de stimulation (chapitre 17). Pour les parents anglophones, j'ai traduit ce pleur avec le mot *augh*, alors qu'en français, l'éditrice et moi avons choisi *ouin*. Ces deux mots semblent très éloignés l'un de l'autre et pourtant ils traduisent chacun une moitié du cercle produit par l'onde sonore émanant du bébé. La langue française transcrit la moitié du son qui ne «passe» pas dans la langue anglaise. Je suis aussi très émue d'apprendre que ce mot *ouin*, connu de tous, existe déjà dans votre langue.

J'insiste: les mots que vous apprendrez ne sont que des représentations des pleurs que vous entendez, conçus pour vous faciliter le décryptage des besoins de votre bébé. J'ai notamment conscience de ne jamais pouvoir traduire, au sein du mot, la respiration du bébé. En tant qu'adultes, nous ne respirons pas dans les mots, nous respirons entre les mots. Même quand nous écrivons, nous ajoutons des pauses avec la ponctuation. Comme les bébés n'émettent pas des mots, mais des sons, par définition, ils respirent en les prononçant, à l'intérieur du son. Dans toutes les langues avec lesquelles j'ai travaillé, nous perdons cette information dans le mot retenu pour désigner le son.

Par ailleurs, dans chaque pays, j'ai compris que je devais adapter mon introduction au langage des bébés en fonction des pratiques locales. Dans certaines cultures, les grands-parents gardent les enfants tandis que les parents travaillent, ne rentrant chez eux que les week-ends. Dans d'autres cultures, la mère élève les enfants et le père travaille. Ailleurs encore, les parents amènent leur bébé et travaillent à ses côtés. Ces coutumes impactent profondément ma façon d'enseigner le langage. Je ne l'explique pas de la même manière à une grand-mère coréenne, à une jeune mère anglaise ou américaine qui travaille ou à un père indonésien.

Dans chaque culture, les enfants occupent une place différente dans la hiérarchie de la communauté. La naissance d'un garçon peut consolider la position sociale d'une mère dans une famille, lui procurer un certain standing et du respect. Dans certains pays, je n'ai pu enseigner les mots du langage qu'à des mères de garçons, parce que la naissance de leur fils leur avait octroyé un meilleur statut et le libre choix de décider comment élever leur enfant. Dans les familles où tous les bébés étaient de sexe féminin, la belle-mère de la mère prenait les décisions concernant l'éducation des petites filles. C'est donc aux grand-mères des fillettes que j'ai pu enseigner le langage.

Le langage joue son propre rôle. En Thaïlande, le mot roter n'existe pas. La philosophie bouddhiste imprègne la langue, avec sa notion de bon air, mauvais air. Elle a produit un équivalent proche, « chasser le vent ». Là-bas, *èh*, le mot du rot, signifie que l'enfant a besoin de « chasser le vent ». Une mère thaïlandaise comprend le besoin de chasser le « mauvais vent » en aidant l'enfant à expulser les bulles d'air qui le gênent.

Parfois, la religion influe sur les pratiques parentales. Notamment à Bali où, par croyance, les parents hindous ne laissent pas leur bébé toucher le sol pendant ses cent premiers jours ; en conséquence, la famille se relaie pour le porter en permanence. Or un bébé porté souffre moins de problèmes de gaz et j'ai donc passé moins de temps sur les mots *èh* (j'ai besoin de roter) et *èèrh* (j'ai des gaz dans l'abdomen) dans les familles balinaises.

L'environnement du bébé a un impact conséquent sur les mots qu'il prononcera. Les parents new-yorkais m'épatent : ils emmènent leur bébé partout, même dans le métro ! Alors je m'assure de leur enseigner le mot *ouin* (je n'en peux plus), parce que je sais qu'ils en auront besoin. En Norvège, où le rythme est moins soutenu, j'ai entendu *ouin* moins fréquemment. En revanche, j'ai fait une jolie moisson de *aoh* (le mot de la fatigue). Je visitais une ville où la nuit ne tombait pas avant minuit, avec des conséquences évidentes sur les routines du sommeil. Au Japon et dans tout autre pays où l'espace est limité, avec une seule pièce servant à tous les aspects de la vie familiale où l'on déroule les lits le soir et les enroule le lendemain matin, les bébés sont entourés de leur famille à tout moment, même la nuit. Ils ne pleurent pas aussi fort qu'ailleurs pour que quelqu'un s'occupe d'eux et réponde à leurs besoins. Dans ces lieux, j'ai remarqué que les parents s'accordaient très vite aux pré-cris de leur bébé et comprenaient les mots aisément. Toutes ces différences contribuent aux modalités des soins parentaux et déterminent les mots qui seront les plus prononcés.

Les coutumes et pratiques d'accouchement et de parentalité ont des conséquences physiologiques, ce qui pèse sur les mots les plus prononcés. On l'a vu, dans les cultures où les bébés sont portés en permanence en position verticale, les problèmes de colique et de reflux sont moins importants. Dans les pays où l'on soutient les mères pour qu'elles passent du temps de qualité avec leur bébé, l'allaitement vient plus facilement. Là où le cododo est la norme, le sommeil est moins perturbé que dans les pays où parents et enfants dorment dans des chambres séparées. Enfin, si la famille étendue joue un rôle important dans le soin des nouveau-nés, on note une incidence plus faible de dépression post-partum – problème grave qui peut entraver l'habileté des mères à réagir aux pleurs des enfants.

Mes voyages et mes recherches m'ont permis de comprendre que décrypter les pleurs d'un bébé revient à décoder l'écosystème de la famille en écoutant les parents au moins autant que le bébé pour décoder son écosystème.

En conclusion, j'ai découvert qu'en voulant aider les familles partout dans le monde en leur enseignant le langage, c'est elles qui m'ont aidée, au moins autant, si ce n'est plus, à mieux comprendre comment les bébés, les parents, les familles et les communautés peuvent agir ensemble et créer un réseau bienveillant d'entraide dans lequel nos plus jeunes pousses peuvent grandir et prospérer.

Comment lire ce livre

Vous êtes peut-être tenté d'apprendre tous les mots d'un coup, mais je vous conjure de résister à votre envie. Ma classification des pleurs n'est pas compliquée, mais comme pour tout apprentissage et particulièrement lorsqu'il s'agit d'assimiler une nouvelle langue, si vous avancez trop vite, vous risquez de vous mélanger les pinceaux. De plus, si vous venez d'avoir votre premier enfant, vous êtes déjà plongé dans un apprentissage intensif.

Inutile de vous précipiter. Je vous propose de lire les chapitres dans l'ordre et d'attendre d'être certain d'entendre un mot dans les pleurs de votre bébé avant de passer au suivant. J'ai regroupé les mots en fonction de l'âge de l'enfant : les trois premiers mots apparaissent à la naissance, les deux suivants vers la sixième semaine, les autres vers la douzième semaine. Vous pouvez vous entraîner à les prononcer en vous regardant dans un miroir. En ressentant comment votre corps, votre voix les fabriquent, vous les repérerez plus facilement dans les pleurs de votre bébé. Si vous rencontrez des difficultés, vous trouverez des échantillons sonores et des vidéos sur le site www.ilpleure.com. Vous pouvez aussi vous reporter aux feuillets détachables présentant le tableau récapitulatif des sons. Ces pages ont été conçues comme une fiche mnémotechnique à déchirer et à afficher bien en vue, au-dessus du lit du bébé, de la table à langer, sur le réfrigérateur…

Dans ce livre, pour chaque âge et pour chaque mot du langage, je propose une section détaillant les solutions adaptées : techniques de portage, de change, d'allaitement au sein ou au biberon et toutes sortes d'astuces. Je ne cherche pas à couvrir tout ce qui touche à la vie d'un bébé, mais à offrir un vaste éventail de clés pour calmer ses pleurs. Loin d'être spécifiques aux mots représentant les pleurs, ces solutions conviennent aux étapes de développement de votre bébé : étape des six premières semaines, puis celle des six suivantes et enfin, celle de la douzième semaine et plus. Même si votre bébé est déjà âgé de plus de douze semaines, il continuera à utiliser certains mots et ce livre peut vous aider. Le moment où un mot s'installe ou disparaît varie pour chaque enfant.

Enfin, détendez-vous ! Ce livre vise à réduire votre niveau de stress et à vous aider, vous et votre nouveau-né. Si vous ressentez une pression trop forte pendant que vous cherchez à comprendre les pleurs de votre bébé, arrêtez tout, respirez et écoutez-le, exactement comme si vous écoutiez quelqu'un d'autre vous parler. Avec la pratique, vous entendrez et décrypterez bientôt ses cris en toute décontraction.

Avertissement

Chaque fois que vous pensez atteindre vos limites, que vous criez sur votre bébé ou que vous exprimez une forme de violence physique ou non, il est fort probable que vous soyez au bout de ce dont vous êtes capable à ce moment-là. Vous avez besoin de relais. Vous pouvez poser votre bébé dans son lit ou dans un endroit sécurisé, sortir de la pièce et appeler un ami ou un parent à la rescousse. C'est l'exception à la règle : dans ce cas seulement, vous pouvez fermer la porte et laisser le bébé pleurer seul pendant que vous téléphonez. Quand vous aurez repris le contrôle de vous-même, vous pourrez de nouveau vous occuper de lui.

Il est possible que vous souffriez d'une dépression post-partum ou d'un autre problème requérant une aide professionnelle. Consulter votre médecin est alors vraiment utile.

Introduction

Pourquoi et comment votre bébé pleure

En comprenant comment et pourquoi un problème survient, nous effectuons le premier pas vers sa résolution.

Un langage universel fondé sur les réflexes

Dans ma classification des pleurs des nourrissons et le langage qui en découle, les besoins physiologiques du bébé provoquent des réflexes naturels qui s'accompagnent de mots.

Voilà comment cela fonctionne. D'abord, le corps du bébé crée le réflexe, puis il ajoute le son, sous forme de pleurs ou de cris. La combinaison du réflexe et du son produit une « signature sonore » unique, spécifique au besoin ressenti. J'appelle « mot » cette signature sonore. Une fois que vous comprenez ce « mot », vous comprenez le besoin associé au réflexe physiologique.

Par exemple, le réflexe physiologique de la faim est la succion. Quand un bébé a faim et se met à pleurer, il ajoute du son, de la voix, sur le réflexe de succion et génère le « mot » équivalent à « j'ai faim ».

Mais il ne communique pas de manière consciente comme nous, les adultes. Le bébé ne sait pas qu'il a faim et ne décide pas de produire la signature sonore correspondant à la faim. En revanche une fois que nous sommes sensibilisés à repérer le son spécifique émis, nous pouvons l'interpréter comme l'association du réflexe provoqué par le corps du bébé affamé (la succion) et d'une vocalisation.

Nos ancêtres disposaient peut-être d'une connaissance transmise de mère en fille du sens des cris des bébés. Aujourd'hui, certaines personnes savent exactement quoi faire en entendant un pleur. Elles savent satisfaire les besoins du bébé grâce à un mélange d'expérience, d'intuition et d'écoute. Si vous connaissez de telles personnes, vous avez de la chance ! Pour nombre d'entre nous, selon notre culture et notre environnement familial, s'occuper de bébés peut être une expérience très solitaire. Nous sommes de plus en plus âgées quand nous avons notre premier enfant et habitons souvent loin de nos mères. De plus, nous n'avons pas toutes grandi au sein d'une famille nombreuse, entourées de frères et sœurs plus jeunes. Combien de mères m'ont confié avoir changé leur première couche à la naissance de leur premier enfant ! Aujourd'hui, pour comprendre le langage primitif de notre enfant, nous avons besoin que l'information contenue dans ses pleurs nous soit expliquée sous une forme moderne.

L'abécédaire des réflexes archaïques

À la naissance de votre bébé, votre médecin l'examine et s'assure que ses réflexes primaires fonctionnent correctement. Un réflexe se produit automatiquement, sans intervention des zones cérébrales de la pensée consciente. Le médecin utilise la présence et la force des réflexes archaïques afin d'évaluer le développement et les fonctions neurologiques du bébé. Parfois, il vérifie ces réflexes devant vous, ce qui vous permet de les voir fonctionner et de vous rendre compte de toutes ces choses incroyables déjà programmées à la naissance.

Parmi les réflexes testés, on trouve:

- *Le réflexe de succion.* Quand vous placez votre doigt sur les lèvres de votre bébé, il se met instinctivement à téter vigoureusement.
- *Le réflexe d'orientation ou de recherche.* Quand vous touchez sa joue ou le côté de sa bouche, il tourne la tête comme s'il cherchait le sein.
- *La préhension palmaire (*grasping *en anglais).* Il agrippe sa main autour de votre doigt.
- *Le réflexe tonique asymétrique du cou.* Si sa tête est tournée d'un côté, le bras qu'il regarde est tendu, l'autre bras est fléchi au coude, l'avant-bras dirigé vers le haut.
- *La préhension plantaire.* Si vous caressez la plante du pied, les orteils se replient vers la plante du pied.
- *Le réflexe de redressement.* Lorsque vous touchez la plante du pied, il tend la jambe.

- *La marche automatique.* Si vous le tenez verticalement, votre bébé se met à « marcher » comme s'il avançait sur une surface plane.
- *Le réflexe de Moro (ou de défense).* En réaction aux bruits forts et aux mouvements soudains, votre bébé écarte et tend les bras, puis les replie sur lui.

La plupart des réflexes archaïques disparaissent au bout d'un an, certains dès l'âge de six mois. Soit le bébé n'en a plus besoin, soit il l'intègre dans son développement moteur et ses comportements. En d'autres termes, il grandit, tout simplement.

Tous les réflexes ne disparaissent pas. Nous, les adultes, continuons à en utiliser plusieurs au quotidien : le clignement des yeux, le bâillement, l'éternuement ou encore la déglutition réflexe. Les médecins en vérifient d'autres quand ils analysent notre état de santé, notamment lorsqu'ils frappent notre genou avec un petit marteau en caoutchouc pour tester notre réflexe rotulien.

Pleurer : un réflexe naturel et nécessaire ?

Votre bébé pleure dès sa naissance, dès sa première inspiration. Le médecin écoute ce premier cri et cherche à le provoquer s'il ne vient pas. À partir de ce moment-là, votre bébé utilise les pleurs comme principal moyen de communication. Du fait de mes longues années passées à étudier la voix, je suis persuadée que les pleurs d'un bébé, en eux-mêmes, ne sont rien de plus qu'un réflexe.

Pensez aux adultes et aux bruits qui nous échappent. Quand nous sommes subitement effrayés, nous crions. Quand on nous chatouille, la plupart d'entre nous rient. Chaque éternuement, toussotement ou hoquet produit un son particulier que nous identifions instantanément, sans même voir la personne qui éternue, tousse ou hoquette. Nous reconnaissons d'autres sons archaïques, par exemple ceux d'un couple faisant l'amour dans la chambre d'hôtel voisine de la nôtre. Selon la douleur que nous éprouvons, nous produirons un son clairement différent. Une douleur fulgurante suscite un cri bref et aigu, tandis qu'une douleur constante et soutenue provoque un long gémissement.

Ces différents sons correspondent chacun à une action spécifique qui se déroule dans notre corps. Ils sont universels et compréhensibles dans toutes les langues. Il vous est sans doute difficile de considérer les pleurs d'un bébé comme un réflexe, mais vous admettrez que nos corps produisent par automatisme des sons clairement universels, décodables par tous. Dans ce livre, je m'attache à décrypter pour vous les sons cachés dans les pleurs de votre bébé.

Le cycle pleurs – réponse – attachement

Les pleurs d'un nouveau-né suscitent une anxiété incontrôlable chez ses parents et chez tout autre adulte. Ils nous poussent à intervenir. Même si nous n'avons aucun lien avec le nourrisson en pleurs et n'en sommes pas responsables, nous sommes programmés à un niveau très archaïque à réagir quand nous l'entendons. Combien de fois, assis à la terrasse d'un café, avez-vous été dérangé par les cris d'un bébé, alors que vous n'aviez pas conscience du vrombissement de la circulation alentour, voire même des sirènes des pompiers ? Les pleurs d'un nourrisson provoquent un réel inconfort physique qui nous pousse à les faire cesser.

La meilleure façon de s'occuper des besoins de base d'un nourrisson, à travers le monde et les cultures, revient à comprendre la raison de ses pleurs, puis à répondre au besoin exprimé et donc à calmer l'enfant. De cette manière, en tant que parent, on se sent conforté. Le bébé se sent en sécurité : il a été compris et ses besoins fondamentaux sont invariablement satisfaits. Du coup, il pleure moins et les parents ont davantage de temps pour s'attacher à lui, forger des liens familiaux solides et l'aider à construire sa confiance tout en augmentant la leur.

Désormais, nous savons l'importance de l'attachement, du lien, pour l'intégration future de l'enfant à la société. En prodiguant à un enfant une attention réactive et efficace, nous influençons profondément ses rapports avec son environnement, avec autrui. Pour le reste de sa vie. Il est même possible que cela joue sur son intelligence : d'après une étude de l'Université de Leyde, aux Pays-Bas, intitulée « Relationship between quality of attachment in infancy and IQ in kindergarten » (Relation entre la qualité de l'attachement pendant la petite enfance et le QI à la maternelle), les bébés ayant bénéficié d'un attachement sécure ont obtenu des scores de QI plus élevés et ce, dès la maternelle.

Dans le même temps, les parents qui bénéficient d'un attachement solide avec leur enfant s'en sortent mieux, eux aussi. Ils résistent mieux aux difficultés quotidiennes de la parentalité, notamment les pleurs, le manque de sommeil et le changement de mode de vie.

Nous le savons tous : concrètement, il est très difficile de s'attacher à un bébé qui hurle. C'est encore plus éprouvant quand on doute de ses capacités à l'aider. Un bébé qui pleure sans cesse nous place dans un environnement de stress à haut niveau : il a des besoins physiques urgents et notre principal but est de le calmer tout en gérant la situation. Ce n'est pas le moment de se lancer dans des mamours, les yeux dans les yeux !

Souvent, les bébés qui pleurent beaucoup s'épuisent. Il reste moins de temps disponible pour l'interaction tendre et aimante. Parents et enfants s'enferment dans un cercle vicieux problème-réaction et ont peu l'occasion de se rencontrer sur un autre terrain, plus paisible, exempt de détresse.

Parfois, les parents craquent à cause des pleurs incessants de leur bébé. Leur sentiment d'impuissance augmente, ainsi que le risque d'une dépression post-partum. Une étude menée dans plusieurs pays européens par l'Université norvégienne des Sciences et de la Technologie a montré que « la colique infantile associée aux pleurs prolongés est corrélée avec des scores de dépression maternelle plus élevés. Plus important encore, la colique infantile à deux mois est corrélée à de hauts scores de dépression maternelle quatre mois plus tard ».

Parmi les symptômes de la dépression post-partum figurent un manque d'intérêt vis-à-vis du bébé ou, à l'inverse, des émotions douloureuses, un sentiment d'inutilité ou de culpabilité. Dans les cas extrêmes, la dépression post-partum peut avoir de graves conséquences et mener au suicide ou à faire du mal à son enfant. Le syndrome du bébé secoué est corrélé avec un haut niveau de stress parental, souvent provoqué par un bébé inconsolable que les parents ne parviennent pas à calmer, faute de disposer des techniques adéquates. J'insiste, des pleurs incessants génèrent un haut niveau de stress. Il est déjà difficile de répondre à ce qui a provoqué les pleurs d'un bébé, mais il est encore plus dur de garder son objectivité et d'admettre son propre niveau de stress ou de prendre des précautions afin d'éviter une réaction dangereuse pour l'enfant.

Parfois les pleurs des bébés tendent aussi les relations entre les parents. L'Université de Denver aux États-Unis a mené une étude sur huit ans, dans laquelle 90 % des couples déclaraient une baisse de leur bonheur conjugal dans l'année suivant la naissance de leur premier enfant. Les données statistiques portant sur les divorces montrent qu'un couple sur huit avec un bébé « difficile » se sépare dans les dix-huit mois suivant la naissance. Lors de mes propres recherches, j'ai remarqué qu'une mère se souviendra pendant des années de la façon dont son partenaire l'a accompagnée à la naissance de leur enfant. Si elle s'est sentie insuffisamment soutenue, cela peut catalyser l'usure de la relation. C'est certainement le cas des parents dont le bébé a beaucoup pleuré. La cause ? L'isolement des nouveaux parents, le manque d'information et de soutien.

La façon dont une relation commence peut donner le ton à la façon dont elle sera vécue par la suite. Parfois, quand les parents ne se sentent pas à la hauteur de leur mission, quand ils se perçoivent comme incapables d'assouvir les besoins de leur nouveau-né, la sensation d'être coupés de leur enfant peut les accompagner pendant toute leur vie de parents. Pendant mes recherches sur l'« étude sensorielle des enfants à l'école primaire », dont j'ai tiré mon livre *Child Sense*[1], j'ai rencontré de nombreux parents qui avouaient n'avoir jamais compris leur enfant, même quand il était bébé. C'était déchi-

1. À paraître en français en 2017 : *Le comprendre, enfin ! Identifier le mode sensoriel de l'enfant pour mieux communiquer*, aux éditions JC Lattès. (*NdE*)

rant d'écouter une mère me confier : « Ma fille et moi ne nous sommes jamais entendues, même à la naissance. Nourrisson, déjà, on aurait dit qu'elle ne m'aimait pas. » Un parent en difficulté peut cesser de montrer son affection à son nouveau-né et avoir du mal à réajuster ce comportement par la suite.

Comprendre son bébé par ses pleurs est la pièce manquante du puzzle de la parentalité, une pièce fréquemment oubliée ou jamais apprise, qui nous redonne la joie et la confiance d'être les experts de son bien-être.

Apprendre le langage des bébés

Quand la lumière se fait

Ma femme venait d'accoucher de notre troisième enfant. Je l'avais laissée à la maternité parce que j'avais rendez-vous avec un client potentiel qui publiait un DVD sur les pleurs des nourrissons. Oui, il s'agissait de Priscilla ! je me rappelle mon scepticisme au moment où je traversais le couloir de la maternité vers la sortie, alors que j'entendais tous ces pleurs de nouveau-nés. Durant ma réunion avec Priscilla, nous avons regardé les vidéos. J'avoue que j'ai trouvé ces bébés qui disaient la même chose plutôt mignons. Mais ils ne m'ont pas vraiment impressionné. Jusqu'au moment où je suis retourné à la maternité après avoir fini mon boulot. J'ai repris le même couloir que j'avais quitté quelques heures auparavant,

> *mais alors que je n'y avais entendu que des pleurs, cette fois, j'entendais* nèh, èh *et* aoh. *C'était dingue ! Comme si quelqu'un m'avait débouché les oreilles, comme si je pouvais comprendre ce que ces bébés disaient !*
>
> STEVE

Dans mon travail avec les parents, voici mon moment préféré : quand je vois la lumière dans leur regard parce qu'ils repèrent leur premier son. Tous ou presque s'écrient : « Mon bébé, il dit ça ! » ou « J'ai déjà entendu ce son ! » Quand ils découvrent que leur bébé leur parlait depuis sa naissance, leur vie change. Une fois que vous saurez comment écouter le vôtre, vous saurez associer les sons qu'il produit avec ses besoins aussi facilement que lorsque vous faites la différence entre une toux et un éternuement.

Que faut-il écouter

Pour ce livre en français, j'ai communiqué avec la traductrice. Ensemble, nous avons reproduit les sons universels des bébés correspondant à un besoin spécifique. Puis nous les avons traduits en mots phonétiques pour vous faciliter leur identification. C'est pourquoi la version française des mots diffère de la version anglo-saxonne. Je fournis aussi des équivalents en français qui riment avec chaque mot ou le contiennent et vous aident à les reconnaître.

Que faut-il observer

Pour la plupart d'entre nous, la façon dont on produit un son n'a pas grand intérêt. Mais entre mes études de violoniste, de chanteuse lyrique, puis mon écoute de nombreux bébés, j'ai beaucoup appris à ce sujet. Quand nous nous exprimons, nous créons des milliers de combinaisons sonores et de variations de ces combinaisons. L'intérieur de notre bouche et l'intégralité de notre visage, de notre gorge et de nos poumons fonctionnent de concert, avec une exquise subtilité. Si nous sommes un instrument, alors nous sommes l'un des plus magnifiques.

La fabrication d'un son mobilise le corps : quand on bouge, s'assied, s'allonge ou se redresse, on relâche ou contracte différents muscles qui produisent différents sons, parce que nous avons modifié l'instrument. De la même manière que l'emplacement d'un doigt sur la corde du violon change la hauteur de la note, l'emplacement précis de notre langue dans la bouche change les sons que nous émettons.

Votre bébé dispose d'aptitudes vocales incroyables, mais il commence tout juste l'apprentissage du contrôle et de la coordination de ces aptitudes. Dans les chapitres suivants, vous verrez comment observer sa bouche, sa langue et tout son corps, telle une machine à sons, pour mieux comprendre ses pleurs.

Se concentrer sur le pré-cri

Vous avez remarqué les premiers sons qu'émet votre bébé, juste avant de se mettre à pleurer vraiment ? C'est ce que j'appelle le pré-cri. Ce pré-cri est incroyablement important parce que les mots phonétiques y sonnent plus clairement, plus complètement et plus isolément. C'est le moment idéal pour décrypter le mot de votre nourrisson et y répondre. Il vous communique son besoin sans frustration, sans anxiété, sans crier.

Les mots du nouveau-né proviennent d'un processus automatique corporel. Il ne les contrôle pas. Il ne contrôle pas non plus la clarté avec laquelle il énonce ces mots. C'est à vous de l'écouter avec attention.

Dès qu'il émet des sons, avant qu'il ne pleure, vous pouvez tendre l'oreille et chercher les équivalences phonétiques des mots. S'il se met à hurler, les mots seront toujours présents dans son cri, mais déformés, mélangés avec d'autres sons, plus difficiles à distinguer. En outre, il devient alors moins aisé de le calmer. De ce point de vue, les bébés ne sont pas si différents que les adultes : si on est en colère, on hausse la voix et les autres ont davantage de difficultés pour nous comprendre et nous tempérer.

Le langage des bébés présenté dans ce livre fonctionne comme un système d'alerte : il aide les parents à comprendre de quoi leur enfant a besoin avant que ce dernier ne s'agite et crie à pleins poumons. Ainsi, les parents apaisent les pleurs plus rapidement.

Reproduire les pleurs

Avez-vous déjà tenté de décrire l'envie de se gratter produite par une piqûre de moustique ? C'est difficile, non ? Mais si la personne à qui vous en décrivez l'effet a déjà été piquée par un moustique, elle vous comprendra avec davantage de facilité. Nous apprenons mieux au travers de nos propres expériences. Quand ces expériences s'ancrent dans nos corps, si elles sont kinesthésiques, alors nous les retenons d'autant mieux, car nous les vivons pleinement.

C'est pourquoi je vous propose de reproduire les signatures sonores des mots que je vous présenterai, plutôt que de vous contenter d'en lire la description. Ce faisant, vous sentirez ce qu'éprouve le corps de votre nourrisson et vous entendrez une approximation du son qu'il émet. Ce ne sera pas le même son : votre âge, vos dents, votre pensée consciente entrent en jeu. Mais cela vous aidera à fixer la signature sonore dans votre mémoire.

Par exemple, imaginons que vous remarquiez votre fille lever sa langue jusqu'à son palais puis la descendre plusieurs fois. Si vous imitez son mouvement de langue, vous sentirez immédiatement un besoin d'avaler et comprendrez qu'il s'agit d'un mouvement de succion. Cela vous aidera à connecter le réflexe de succion avec le cri de la faim et à reconnaître le son *nèh* que votre fille prononce quand elle a besoin d'être nourrie.

N'hésitez pas à vous regarder dans un miroir pendant que vous reproduisez les sons. Vous verrez sur vous les indices visuels à rechercher sur votre enfant en pleurs.

Écouter le mot dans les pleurs

Même si votre bébé a dépassé l'étape du pré-cri, vous pouvez encore entendre le mot qui signale son besoin si vous parvenez à filtrer les autres sons émis et à vous concentrer sur un seul mot.

Si vous avez déjà appris une langue étrangère ou si vous avez voyagé dans des pays où l'on ne parle pas votre langue, vous savez repérer les quelques mots que vous connaissez dans la cacophonie qui vous entoure. Par exemple, vous pouvez entendre et repérer le mot « Merci » sans rien comprendre des mots qui l'encadrent.

Pour écouter les pleurs de votre bébé et y détecter les mots, l'exercice est identique. Vous reconnaîtrez les mots familiers et ceux-là seulement, même si d'autres sons vous perturbent. Vous bénéficiez aussi de l'aide de votre bébé : s'il a faim, vous pouvez compter sur son corps et ses réflexes. Il insistera et trompettera le mot de la faim jusqu'à ce que vous le nourrissiez.

Vous entendez le mot ! Et maintenant, que faire ?

J'ai conçu ce livre avec un accès rapide à l'information permettant d'identifier les causes de la détresse de votre nourrisson puis d'y répondre. Une fois que vous entendez le mot, vous pouvez vous reporter tout simplement au chapitre qui couvre les solutions pour ce mot. Vous pouvez les expérimenter toutes ou choisir la plus efficace.

Astuces en plus

- *Casser le cycle des cris*. Souvent, prendre un bébé dans ses bras suffit à le calmer un peu et à lui donner l'occasion de « parler plus clairement ». Ce bref répit permet de l'écouter plus attentivement.

- *S'attendre à la répétition*. Le son produit par le réflexe se fera entendre aussi longtemps que nécessaire, à moins qu'un autre besoin urgent se fasse sentir. Si vous ne comprenez pas d'emblée ce que dit votre enfant, pas de panique. Vous aurez d'autres occasions !

- *Enregistrer*. En enregistrant les pleurs de votre bébé avec votre smartphone ou votre caméra vidéo, puis en vous les visionnant plus tard, au calme, vous parviendrez sans doute plus facilement à identifier les mots.

- *Demander de l'aide.* Suite à la lecture de ce livre, si avec un peu d'entraînement vous n'identifiez toujours pas les mots, en vous connectant au site www.ilpleure.com vous trouverez des vidéos de pleurs.

- *En cas de doute, prendre le bébé dans les bras.* L'objectif reste, avant tout et en tout temps, de calmer votre petit. Même si vous ne comprenez pas ses pleurs, il est préférable qu'il sente votre présence plutôt que de le laisser seul. Cependant, si vous ressentez des difficultés à contrôler votre réaction face à ses pleurs, si vous lui criez dessus ou vous sentez animé de violence, alors vous avez sans doute dépassé votre limite. Dans ce cas, mieux vaut poser votre enfant à un endroit où il sera en sécurité, son lit par exemple, quitter la pièce et appeler quelqu'un à la rescousse, un ami, un parent, un professionnel.

I.

LES MOTS DES NOUVEAU-NÉS

Les nouveau-nés prononcent trois mots dès leur naissance. Le mot de la faim (*nèh*), de la fatigue (*aoh*) et du rot (*èh*). Ces trois mots, les plus utiles et les plus importants, facilitent énormément le quotidien. En les comprenant, vous saurez répondre aux trois besoins les plus pressants d'un nourrisson. Une fois ces trois premiers mots maîtrisés, vous pourrez passer aux mots suivants, émis vers la sixième semaine. Vous pouvez avancer à votre propre rythme ou vous aligner sur celui de votre bébé. Les trois premiers mots du nouveau-né ne disparaissent pas au bout de six semaines. Vous verrez que cette section reste utile même avec un bébé plus âgé.

1. *Nèh* : j'ai faim

Quand votre bébé commence à avoir faim et s'agite, vous entendrez *nèh* dans ses appels.

La faim provoque un réflexe de succion qui, vocalisé, donne le mot *nèh*. Ce réflexe de succion est dit archaïque. Tous les nourrissons nés à terme et en bonne santé le déclenchent. Il est très rare qu'il ne soit pas décelable chez les prématurés, car il se développe avant la naissance, pendant la gestation. C'est un des réflexes archaïques les plus importants. Sans lui, on ne peut pas nourrir l'enfant.

Pour détecter facilement le mot *nèh*, il suffit de regarder la bouche de votre bébé. S'il pleure au moment où sa langue reproduit un mouvement de succion, alors vous entendrez distinctement le mot *nèh*.

En général, dès que les bébés ressentent la faim, ils commencent à vouloir téter et déclenchent le réflexe de succion. Ensuite seulement, quand ils ont vraiment très faim, ils pleurent à grands cris en cherchant le sein ou la tétine. Repérer *nèh* le plus rapidement possible permet de répondre au besoin de l'enfant avant qu'il n'éprouve de la détresse. C'est d'autant plus utile que les nourrissons peuvent devenir affamés en un clin d'œil. Les parents le savent bien !

Non seulement les bébés ont un tout petit estomac, mais ils consomment principalement des protéines faciles à digérer, telles la protéine de lactosérum ou la caséine. Quelques heures après avoir mangé, leur taux de glucose baisse, provoquant une réaction à la fois chimique et physique et ils ont de nouveau faim. En un rien de temps, votre bébé souriant et joueur, ouvert au monde, se met à hurler de faim.

À quoi ressemble le mot *nèh*

Pour comprendre *nèh,* voici comment le prononcer.

On pose le bout de la langue derrière les dents du haut et on pousse la langue vers le haut du palais. Ensuite, on ajoute du son. Le son produit vient du nez et ressemble à *nnnnnn*.

On tient ce son *nnnnnn,* on ouvre un petit peu la bouche et on bouge la langue comme si on suçait quelque chose. Au moment où la langue s'éloigne du palais, le *nnn* se transforme en un son qui ressemble à *èh*. Associez les deux sons et vous obtenez le mot *nèh*.

En français, ce mot s'entend au début des mots « naissance », « nef » ou « nèfles ». Quand vous prononcez ces mots, votre langue se positionne d'abord derrière vos dents, collée au palais, puis elle descend. Ce mouvement de langue est exactement le même pour le mot *nèh*.

La fabrique du mot *nèh*

Quand nous avons faim, notre ventre gargouille, nous salivons et nous avons du mal à penser à autre chose qu'à manger. Les nouveau-nés, eux aussi, salivent, mais, comme ils sont souvent allongés, ils ont besoin de sucer afin d'avaler leur salive et se vider la bouche.

Voilà pourquoi, avec l'arrivée de la faim, le réflexe de succion se déclenche. Plus la faim augmente, plus elle perturbe l'enfant et plus il pleure.

La production du son *nèh* vient du mouvement de la langue contre le palais lors du réflexe de succion. Pour apprendre à entendre *nèh*, il est utile d'observer : l'enfant vous donne des indices visuels. Quand il prononce *nèh*, sa bouche est à moitié ouverte et sa langue s'avance dans un mouvement de succion. Une fois le réflexe de succion activé, la langue bouge rythmiquement sur un cycle d'extension puis de rétraction, avec peu ou pas de mouvement latéral. Quand elle s'étend, elle s'aplatit le long du palais, s'immobilise puis descend jusqu'aux lèvres. Si vous placez votre mamelon ou votre doigt dans la bouche de votre bébé, vous sentirez sa langue s'étaler en se creusant légèrement, prenant la forme d'une coupe et s'aplatissant contre votre mamelon ou doigt. La succion se produit au moment où la langue se rétracte. Le son *nèh* est émis au moment où la langue s'étire, parce qu'à ce moment précis, la bouche est vide et le corps du bébé s'apprête à recevoir de la nourriture.

Enfin, vous pouvez observer les lèvres de votre bébé : elles bougent tandis qu'il cherche quelque chose à téter, sa main ou votre doigt, guidé par l'espoir instinctif de trouver un mamelon ou une tétine.

Entendre *nèh*

Nèh apparaît très doucement et distinctement dans le pré-cri. Ensuite, lorsque l'inconfort de la faim augmente et que le bébé pleure, on l'entend encore à une fréquence plus élevée, mais d'autres sons s'ajoutent alors, produisant plus de bruit autour du mot *nèh*. Le bébé n'utilise pas un langage conscient. Il produit des sons archaïques presque par accident. C'est pourquoi plus il pousse des cris de détresse, plus il fabriquera de sons parasites autour du mot *nèh*.

Comparons le mécanisme à celui qui régit la construction d'une phrase. En général, une phrase contient un ou deux mots clés entourés d'autres mots moins importants. Par exemple, on peut dire simplement « Faim » ou l'insérer dans une phrase courte « J'ai faim » ou dans une phrase plus longue « J'ai faim, vraiment faim, vraiment très faim maintenant ! ». Dans ces phrases, remplaçons le mot « faim » par *nèh*, puis traduisons le reste en pleurs. Alors en phase de pré-cri on obtient le simple *nèh* (« Faim »), puis pendant la phase normale des pleurs on entendra *eghjy nèh vhhlj* (« J'ai faim ») et enfin, pendant la phase des cris désespérés, on aura *hjfkjhj nèh hjhdjfh nèh nèh jkjkku* (« J'ai faim, vraiment faim, vraiment très faim, maintenant ! »).

Ces pleurs peuvent évoquer le bégaiement d'une personne très en colère : plus on est énervé, plus il est difficile de parler distinctement et de se faire comprendre. Votre bébé continuera de dire *nèh* jusqu'à ce qu'il soit nourri, mais bien sûr, si vous comprenez son besoin dès qu'il commence à l'exprimer, vous éviterez la phase des cris désespérés. En le gardant à portée d'oreille, vous l'entendrez plus facilement.

2. Solutions pour *nèh*

Un allaitement sans stress

J'ai vraiment eu le déclic avec le mot représentant la faim. Avant, je croyais que ma fille Emmy s'affamait très rapidement et je vivais dans le stress permanent d'avoir à la nourrir au plus vite. Maintenant je sais que ses pleurs me signalent quelque chose, je la garde près de moi et j'attends ce fameux son nèh. *J'ai compris qu'elle commence en général par un* nèh, nèh *très calme tout en observant le monde autour d'elle. C'est mon signal. Je peux commencer à me préparer, elle va bientôt avoir faim. Quand elle commence à répéter* nèh *ou à pleurer, je suis prête à l'allaiter.*

JUSTINE

Quand vous entendez *nèh* dans les pleurs de votre bébé, vous savez qu'il a faim. Nous l'avons vu, *nèh* correspond à l'ajout d'un son sur le réflexe de succion. Si vous le détectez dans le pré-cri de votre enfant, vous disposez d'un peu de temps de préparation avant de le nourrir. Nous traiterons ici des solutions d'allaitement, au sein, au biberon ou mixtes.

La routine de l'allaitement : se laisser guider par le bébé

Votre nouveau-né est trop petit pour s'adapter à des horaires précis d'allaitement qui ne soient pas les siens. Si vous le forcez à s'adapter à une routine prédéterminée, vous risquez de mener tout le monde à la crise de larmes, vous compris. Si vous avez besoin d'une routine, mieux vaut l'aborder du point de vue du bébé et mettre au point un programme correspondant à son penchant naturel. Vous le guiderez plus tard vers le fonctionnement dont vous avez besoin pour vous faciliter la vie. J'en parlerai plus loin, dans l'introduction de la troisième partie.

Les différentes façons d'allaiter : une approche flexible centrée sur le bébé

Quand les gens parlent d'allaitement, la majeure partie de la discussion tourne autour de la façon dont le lait est administré à l'enfant, soit au sein soit au biberon.

Mon approche est centrée sur le bébé. Quand je travaille avec des parents, je parle d'allaitement du point de vue du bébé : je m'intéresse moins à la façon dont il est allaité, mais plus à ce qu'il reçoit et sur ce qu'il nous en dit dans ses pleurs.

Si j'entends fréquemment une petite fille allaitée au sein prononcer le mot *èèrh*, le mot des coliques (2e partie, chapitre 7), alors je m'attache à comprendre le régime alimentaire de sa maman. Il est en effet possible que le bébé réagisse mal aux aliments ingérés par sa mère, entre autres causes probables. Si un autre bébé allaité au biberon avec du lait maternisé crie souvent le mot *hèèr*, mot signalant érythèmes et autres inconforts épidermiques (2e partie, chapitre 9), je cherche avec sa maman une allergie possible à la formule spécifique de son lait maternisé.

On peut nourrir les bébés avec du lait maternel ou du lait maternisé ou les deux. On parle alors d'allaitement mixte ou de supplémentation.

Les trois phases de l'allaitement

Mon étude des bébés m'amène à conclure que la plupart des familles passent par trois phases différentes en terme d'allaitement de leur nouveau-né. En général, elles commencent par un allaitement au sein, passent à une alimentation mixte, puis adoptent un allaitement au biberon avec du lait maternisé (en proposant aussi parfois de boire le lait dans des tasses anti-fuites ou à la petite cuillère). La durée de ces phases diffère dans chaque famille. Certaines mères allaitent au sein durant six semaines, supplémentent avec du lait maternisé pendant trois semaines, puis donnent le biberon le reste de l'année. D'autres mères donnent le sein pendant un an, puis ajoutent des aliments solides en gardant l'allaitement, puis arrêtent le sein et donnent du lait dans des tasses anti-fuites. D'autres encore n'allaitent au sein qu'une journée, passent à l'allaitement mixte pendant une semaine, puis continuent avec le biberon et le lait maternisé.

Même si vous n'avez pas actuellement atteint l'étape que je décris, il peut être utile de toutes les lire. Ces trois étapes posent des difficultés souvent semblables. De plus, elles ont en commun certaines techniques de résolution de problème. Par exemple, une mère qui allaite son bébé au biberon dès la naissance aura quand même des seins douloureux. Un bébé nourri exclusivement au biberon appréciera les mêmes techniques de portage que les bébés nourris au sein et une mère qui congèle son lait aura besoin de comprendre les techniques d'allaitement au biberon.

nèh et l'allaitement au sein

Quand vous détectez *nèh* dans le pré-cri de votre bébé, il est temps de vous préparer à lui donner le sein. Pendant vos préparatifs, vous pouvez le laisser dire *nèh* tout en l'écoutant aussi attentivement que possible, de manière à aider votre corps à déclencher une réponse hormonale à ces pleurs.

Vous sentirez vos seins picoter et le lait commencera à s'écouler, signe que votre corps est prêt. Il est recommandé de se rappeler quel sein votre bébé a pris en dernier lors de la précédente tétée, mais votre corps peut aussi vous indiquer lequel proposer en laissant plus de lait couler de ce sein que de l'autre.

Une tétée se passe mieux avec un bébé calme. Avec un bébé en pleurs, c'est encore possible, mais pas s'il est pris de sanglots éperdus et violents. S'il est trop énervé quand vous lui proposez le sein, il risque de vous faire mal en attrapant votre bout de sein. Sa bouche se refermera dessus trop vite ou vous n'arriverez pas, ni l'un ni l'autre, à le placer correctement dans sa bouche. Il est possible alors que votre bébé avale de l'air en tétant, ce qui peut engendrer de nouveaux problèmes par la suite, comme nous le verrons.

Avant une tétée, voici une technique d'apaisement d'un bébé énervé. S'il est allongé, on le prend dans les bras et on le redresse. Puis, on se dandine d'un pied sur l'autre le bébé positionné sur l'épaule, en rythme. (Pour d'autres positions permettant de calmer son bébé, voir le chapitre 18.) Plus on est calme, plus le bébé se calme. Une fois tous deux apaisés, vous pouvez vous installer dans une position confortable et commencer la tétée.

Assise, vous serez mieux sur une chaise à haut dossier ; allongée, il vous faudra un renfort d'oreillers pour soutenir votre dos. Vous restez immobile un bon moment, alors autant éviter les lombalgies !

Dans tous les cas, il vous faut rassembler à proximité tout ce dont vous pourriez avoir besoin : de l'eau, un linge pour le rot, de la crème à la lanoline, vos compresses d'allaitement, une téterelle, un soutien-gorge de rechange, un livre... Le tout à portée de main, accessible avec le minimum de mouvement. N'hésitez pas à prendre le temps d'expérimenter différentes tailles de coussins ou d'oreillers pour votre dos, vos bras et pour le bébé. Un oreiller sous le bras portant le bébé donne plus de liberté à l'autre bras et vous aurez davantage de facilité à positionner votre bébé correctement.

Il existe de multiples façons de porter son bébé quand on allaite au sein. Pour de nombreuses mères, trouver celle qui convient prend du temps et quelques essais et erreurs. Vous découvrirez peut-être que vous préférez différentes postures selon l'heure de la tétée : allongée au lit la nuit, la posture « ballon de rugby » quand le sein est très plein et la posture « berceuse » pour allaiter en public. Si vos bouts de sein vous font mal ou si vous devez allaiter dans un environnement inhabituel, il est possible que vous ayez besoin de changer vos habitudes. Il est donc toujours intéressant de se familiariser avec plusieurs postures d'allaitement.

Enfin, quand on allaite, on boit, on boit, on boit ! Je ne le dirai jamais assez. Vous avez probablement remarqué votre incroyable soif pendant les tétées, alors autant s'équiper d'une bouteille d'eau toujours à proximité. Boire de l'eau permet de s'hydrater correctement et aide à se détendre au début de la tétée.

Trois postures d'allaitement au sein

Assise, dos droit, bébé «en berceuse»

La plupart des femmes trouvent pratique de donner le sein assises. Elles peuvent ainsi allaiter partout.

- Trouver un endroit calme où s'asseoir, dans un fauteuil confortable proposant un bon soutien du dos ou au lit, bien calée par les oreillers. Placer un coussin sur les genoux. Le coussin allège le poids du bébé et le rapproche du sein.

- Placer sa main en coupe sous son sein et du pouce appuyer légèrement sur le haut du sein. Cela modifie la forme du sein et facilite la prise en bouche du mamelon.

- Approcher le menton du bébé sous le sein, jusqu'à ce que sa langue atteigne le bout de sein. Soutenir le bébé sous les fesses, la tête et la nuque.

- Encourager le bébé à ouvrir la bouche en touchant ses lèvres avec le mamelon. Une fois sa bouche grande ouverte, guider le mamelon doucement. On sait que la mise au sein s'est bien passée quand on sent le lait s'écouler. La bouche du bébé s'est refermée sur le sein, sa mâchoire reste ouverte et l'on voit les muscles maxillaires bouger, ainsi que les tempes. Le bébé est bien arrimé au bout de sein.

Allongée

Cette posture est parfaite pour l'allaitement de nuit ou du petit matin, si votre bébé dort proche de vous, près de votre lit. Elle convient aussi aux mamans ayant accouché par césarienne ou à celles qui cherchent à varier les postures pour soulager des douleurs aux mamelons.

- Allonger le bébé contre son buste, ventre contre ventre, sa tête dans le creux du bras au contact du lit. Sa tête est au niveau du bout de sein. Éviter de se surélever sur le coude, car le bébé pourrait rencontrer des difficultés à saisir le mamelon.

- Prendre le sein en coupe, exactement comme dans la posture assise en berceuse (voir ci-dessus) et presser du pouce le haut du sein pour en modifier la forme. Toucher les lèvres du bébé avec le mamelon pour l'encourager à ouvrir la bouche. Quand il l'ouvre en grand, guider le bout de sein dans sa bouche.

- Pendant la tétée, soutenir la tête et le corps du bébé. Si nécessaire, une fois que le bébé a correctement pris le sein, on peut se redresser un peu sur le coude afin de surélever légèrement la tête du bébé par rapport à son corps. Cela facilite la déglutition et minimise l'absorption d'air.

Bébé allongé en «ballon de rugby»

J'ai appris cette posture pendant que j'allaitais Tom au sein. J'ai découvert plus tard qu'elle est recommandée par l'Organisation mondiale de la santé (l'OMS). Elle convient à de nombreuses femmes confrontées à diverses situations: les mamans de jumeaux qui ont besoin de donner le sein aux deux en même temps, les mamans dont les canaux lactifères se sont bouchés, celles qui ont besoin de changer de posture du fait de douleurs aux seins ou aux mamelons ou encore celles dont le bébé éprouve des difficultés à prendre le sein.

- S'installer confortablement dans un endroit disposant de place de chaque côté de soi. Attention, sur un fauteuil, le bébé risque de se cogner aux accoudoirs. Poser un coussin du côté du sein que l'on donne en premier, coussin sur lequel on posera le bras portant le bébé.

- Soutenir son enfant de ce bras, tête face à l'extérieur du sein. Le bras et le bébé sont posés à côté de soi et non devant soi comme dans les autres postures.

- Soutenir le sein avec la main, en modifiant sa forme. Positionner le mamelon comme précédemment de manière à chatouiller les lèvres du bébé. Quand il réagit et ouvre grand sa bouche, la guider doucement vers le sein sans se pencher. Si le bébé a du mal à respirer, on peut baisser son corps par rapport à sa tête en ajustant le coussin ou en baissant le coude.

Utiliser **nèh** *pour changer de sein*

Certaines « écoles de pensée » prêchent d'interrompre la tétée pour faire roter le bébé avant de le remettre au sein. Chaque fois que j'ai vu cette méthode en œuvre, j'ai constaté qu'elle provoque plus d'énervement que de bien-être. Non seulement le bébé semble mécontent de l'interruption, mais lui retirer le mamelon est souvent douloureux pour la mère. Ensuite, si l'enfant éprouve des difficultés à reprendre le sein, mère et enfant sont contrariés. J'ai observé que les bébés les plus heureux sont ceux que l'on laisse tranquillement faire ce qu'ils font de mieux, téter. Ils donnent le signal quand il est temps de changer de sein : il suffit d'attendre qu'ils le lâchent. Le rot peut attendre la fin de la tétée, à moins que le bébé ne dise *èh* pendant la tétée.

Quand **nèh** *se transforme en* **èh**

Au milieu des tétées, Lucy lâchait le sein, le reprenait, plusieurs fois. Elle s'efforçait visiblement de le reprendre, mais elle se mettait

> *à pleurer dès qu'elle avait mon mamelon dans la bouche. J'avais des crevasses aux deux seins, c'était douloureux, toute l'expérience de l'allaitement en devenait pénible. Un jour, j'ai compris que pendant toutes ces tétées difficiles, Lucy disait* èh*. Elle avait besoin de roter! Depuis, je l'assois et je l'aide à expulser l'air coincé. Dès qu'elle redit* nèh*, je la remets au sein. Mes mamelons vous disent merci!*
>
> *JENNY*

Il est effectivement utile de repérer les *èh* pendant les tétées pour savoir quand les interrompre et faire roter l'enfant. S'il n'indique pas avoir besoin de roter, inutile de le déranger. Exception faite de la tétée du soir, la dernière avant de coucher votre bébé, celle pendant laquelle il a tendance à s'endormir. Pour cette dernière tétée, je recommande le rot entre deux seins, une fois que l'enfant a lâché le premier. Une fois la tétée du soir terminée, vous pouvez aussi positionner votre bébé contre votre épaule et lui tapoter le dos aussi longtemps que besoin.

Si votre fille (ou votre garçon) a des problèmes d'aérophagie, flatulence ou reflux gastrique, vous pouvez aussi envisager de la faire roter avant chaque tétée, tandis que vous la portez jusqu'au siège sur lequel vous allaitez. Sinon, une fois assise, vous pouvez prendre le temps d'un petit rot rapide avant de la mettre au sein. Vous réduirez ainsi la possibilité qu'elle emprisonne de l'air en se nourrissant et rendrez tout le processus plus doux et efficace. Votre fille risquera moins de rejeter le sein pendant. Voyez comment maintenir un angle de telle sorte que sa tête reste plus élevée que le reste du corps pendant qu'elle tète (davantage de postures d'allaitement permettant d'évacuer les gaz du système digestif aux chapitres 6 et 8). Après, prenez votre temps pour lui faire faire les rots dont elle a besoin. Et le reste du temps, durant la journée, vous pouvez la maintenir à la verticale dans une écharpe de portage ou un porte-bébé frontal.

Ont-ils eu assez de *nèh* ?

Quand on donne le sein, on n'est jamais totalement sûre ni de la quantité de lait bue par le bébé, ni de celle produite. Voilà où le mot *nèh* arrive à votre rescousse. Puisque votre bébé dira *nèh* s'il a encore faim, s'il pleure *nèh* après sa tétée, il est judicieux de chercher à augmenter votre production de lait. Votre pédiatre peut vérifier le gain de poids et la croissance de l'enfant et apaiser vos inquiétudes. Si votre bébé quitte le sein sans pleurer, alors je vous dirais qu'il a assez bu. S'il arrête en prononçant le mot *èh* (« J'ai besoin de roter »), occupez-vous de ce rot puis tendez l'oreille pour un éventuel nouveau *nèh*. Parfois, l'expulsion d'une bulle d'air emprisonnée ou un changement de posture font de la place pour un peu de rab.

Pas assez de *nèh* ? Comment augmenter la production de lait

Il existe de nombreuses solutions permettant d'augmenter la production de lait. Le plus souvent, l'efficacité maximale s'atteint en les expérimentant toutes.

- Tout d'abord, je vous invite à enregistrer votre bébé pleurant le mot faim, *nèh*, et à l'écouter souvent. Vous serez surprise de sentir vos seins réagir. Tout simplement, votre corps répond aux cris de faim de votre enfant et enclenche la production de lait. Pour plus d'efficacité, écouter l'enregistrement une heure et demie avant l'heure prévue de la tétée.
- Boire suffisamment. Conserver une bouteille d'eau toujours à portée de main, particulièrement pendant l'allaitement et en boire le plus fréquemment possible. Boire de l'eau est essentiel pour garantir une bonne production de lait.
- Maximiser les occasions de contact peau à peau et se faire plein de câlins. Vous pouvez continuer les tétées de nuit et garder votre bébé à proximité, dans la même chambre. Quand vous sortez, il est préférable de porter votre enfant contre vous, dans une écharpe de portage ou un porte-bébé, plutôt que dans une poussette ou un landau.
- Prendre soin de soi. Mangez-vous de manière équilibrée ? (Ce n'est pas du tout le bon moment pour tenter de perdre du poids.) Dormez-vous assez ? (On peut faire la sieste en même temps que le bébé, tirer son lait et passer le biberon à son compagnon.) Et réduire au minimum les facteurs extérieurs de stress !

Tirer son lait

Il n'est pas toujours possible de rester auprès de son bébé et il peut être nécessaire de tirer son lait pour que quelqu'un d'autre le lui donne. Avoir quelques poches de notre lait au congélateur pour parer aux urgences est toujours une bonne idée. Parfois, nous ne pouvons arriver pour l'heure d'une tétée. Nous tombons malades et devons cesser provisoirement de donner le sein du fait des médicaments. Il est aussi possible que les mamelons souffrent des exigences de l'allaitement et qu'ils deviennent très sensibles, voire douloureux. Tirer son lait autrement que par la bouche du bébé peut alors soulager le temps que le mamelon se répare.

Je décris ci-dessous trois manières de tirer son lait. Une astuce : pendant que vous le tirez, je vous propose d'écouter les pleurs de votre bébé criant *nèh*. Vous serez surprise de voir à quel point ça devient confortable et facile. Vous trouverez plus d'information sur l'allaitement au biberon (lait maternel ou maternisé) plus loin dans ce chapitre.

Comment j'ai réussi à tirer mon lait

Avant de reprendre le travail, j'ai commencé à tirer mon lait, espérant me construire une réserve. Le problème : après avoir nourri Nico, je n'avais plus grand-chose. Une amie m'a suggéré de congeler mon lait dans un bac à glaçons. Comme ça, j'ai pu mettre de côté de toutes petites quantités séparément et décongeler quelques cubes, en fonction de ce dont j'avais besoin. Une fois que j'ai repris le boulot, j'ai enregistré Nico en pleurs. Je tirais mon lait dans la voiture pendant ma pause déjeuner et aussi dans le courant de l'après-midi. Entendre ses pleurs m'a vraiment facilité la vie. Mes seins se mettaient à couler avant même que je place le tire-lait !

ALESSANDRA

Tirer son lait sans tire-lait

Je n'ai jamais réussi à maîtriser cette technique, mais j'ai vu de nombreuses femmes y parvenir. On m'a dit que pour les mamelons sensibles, elle est moins douloureuse, mais plus lente, que le tire-lait. De toute évidence, elle est plus simple à mettre en œuvre avec des seins remplis.

On place sa main en coupe sous son sein, le pouce sur le haut et l'index sur l'aréole. On masse son pouce et son index l'un vers l'autre. On répète le mouvement en cycles. On vise à masser la totalité du sein et non à tirer sur le mamelon.

Le tire-lait manuel

En général, les tire-lait manuels sont vendus avec un biberon qui s'emboîte sous la pompe et une ventouse ou membrane qui s'ajuste sur le sein. La poignée permet de pomper le lait. Le processus est plus rapide, plus facile que sans tire-lait et tout aussi silencieux. De plus, il ne dépend pas d'une prise électrique, ce qui peut vous faire gagner du temps si vous n'êtes pas chez vous. Après avoir lu les instructions fournies avec votre modèle de tire-lait, pensez à écouter l'enregistrement des *nèh* de votre bébé.

Le tire-lait électrique

Les tire-lait électriques sont rapides et faciles d'emploi, mais ils coûtent plus cher que les tire-lait manuels. Les maternités et pharmacies les louent parfois. En France, sa location peut être partiellement ou totalement remboursée selon l'ordonnance du médecin et la mutuelle dont vous disposez. Les médecins ont prouvé que ces tire-lait augmentent la production de lait, probablement parce qu'ils récoltent plus de lait plus vite : votre corps croit peut-être que vous avez un bébé vraiment affamé à nourrir ! Suivre le mode d'emploi et surtout ne pas hésiter à tester différents styles et marques.

Comme pour tous les équipements en puériculture, votre tire-lait doit rester propre et stérile. Vous trouverez des instructions de nettoyage pour chaque pièce de l'appareil, à suivre soigneusement parce que vous ne voudriez pas laisser une bactérie qui rendrait malade votre tout-petit !

Une fois le lait tiré, il est nécessaire de le réfrigérer le plus rapidement possible. Le lait maternel se conserve à température ambiante pendant cinq ou six heures et au réfrigérateur pendant quatre-vingt-seize heures au maximum. Congelé, il reste consommable quelques semaines. Vous pouvez le congeler en petites doses afin d'en gaspiller le moins possible (c'est un produit précieux !) et décongeler votre poche dans de l'eau tiède pendant trente minutes ou au réfrigérateur. Le lait doit alors être consommé dans les vingt-quatre heures. Il est déconseillé de le décongeler au micro-ondes, où il ne se réchauffe pas uniformément et pourrait brûler la bouche du bébé.

nèh **et l'allaitement mixte**

Jusqu'à présent, la plupart du temps, on distinguait d'un côté l'allaitement au sein et de l'autre l'allaitement au biberon. Pour la phase de transition consistant à compléter l'allaitement en lait maternel avec du lait maternisé, les conseils se font plus rares.

Pourtant, partout dans le monde, j'ai observé que la pratique de la supplémentation est très courante, surtout dans les maisons hébergeant plusieurs générations sous le même toit. En l'absence de la mère, une grand-mère nourrit sa petite-fille avec du lait maternisé. Quand la maman rentre le soir, elle allaite sa fille au sein, avant de la coucher, puis de nouveau le matin, au réveil.

Ailleurs, dans les tribus notamment, de nombreuses femmes se partagent entre elles la responsabilité de l'allaitement. Dans certains pays occidentaux, avant l'invention du lait maternisé en poudre, les parents embauchaient des nourrices pour les tétées nocturnes, tandis que la mère allaitait le jour. Aujourd'hui, on peut donner son lait dans des lactariums, en général au sein d'un CHU. Je mentionne la pratique de l'allaitement partagé non pas pour l'encourager, mais afin de montrer qu'il ne s'agit pas d'une innovation récente.

À mon avis, l'approche actuelle de l'allaitement au sein est une approche tout-ou-rien restrictive. Certaines mères aimeraient donner le sein, mais en sont empêchées pour des raisons physiologiques ou pratiques. Du coup, elles ne tentent même pas l'essai et leur bébé ne bénéficie pas des bienfaits du lait maternel.

Même si l'allaitement au sein ne dure qu'un jour ou deux, le bébé en tire bénéfice. Produit dans les premiers jours suivant la naissance, le colostrum notamment ne peut être imité. Ce premier lait regorge d'anticorps et de sucres faciles à digérer. Il est aussi moins gras et plus riche en protéines que le lait maternel de la suite.

Et si vous pensez nécessaire de supplémenter pour pouvoir continuer à allaiter, pourquoi pas. Donner le sein, même une seule fois par jour, reste une meilleure alternative que de foncer sur le 100 % biberon, 100 % lait maternisé.

Il peut arriver que notre corps ne produise pas assez de lait, que bébé soit encore affamé alors même que nous nous sommes efforcées d'augmenter notre production. Cela peut notamment arriver le soir, quand nous sommes fatiguées après la journée. Plutôt que d'abandonner complètement l'allaitement au sein, vous pouvez consulter votre médecin ou une consultante en lactation.

Si vous supplémentez, il est très important de poursuivre vos efforts d'augmentation de votre production de lait, sinon, cette dernière risque de diminuer plutôt que de se stabiliser.

Les mamans réussissant le mieux avec les suppléments sont celles qui commencent par donner le sein ; puis, lorsque le bébé rejette le sein en pleurant *nèh*, complètent au biberon. Le bébé conserve la posture, la tétine étant simplement insérée à la place du téton.

Une fois bébé nourri, s'il demande à téter pour le plaisir, n'hésitez pas à lui proposer de nouveau votre sein. Ainsi, vous stimulez la production de lait autant que possible et lui obtient ce dont il a besoin. Au final, il est plus calme, dort mieux et votre routine quotidienne se déroule avec davantage de fluidité.

Cette méthode vous permet aussi de retourner à un allaitement au sein exclusif dès que votre production de lait réaugmente. Vous serez surprise de l'impact sur la lactation que peuvent avoir un simple rhume, une insomnie ou une déshydratation passagère. Parfois, votre bébé fait une poussée de croissance et a besoin de plus de lait et votre corps a besoin d'un peu de temps pour ajuster la production de lait.

Comment j'ai décidé de passer à la supplémentation et comment nèh *m'a aidée*

Dès que j'ai su que j'étais enceinte, j'ai su que j'allaiterais mon bébé au sein. J'attendais ce moment avec impatience ! Quand mon fils est né, j'avais beau avoir des difficultés, j'ai persévéré, parce que j'y croyais. Mais Hahona pleurait beaucoup. Quand j'ai appris le langage des bébés, j'ai compris qu'il me disait nèh *après les tétées, toute la journée, toute la nuit. Visiblement, il avait faim.*
J'ai pris rendez-vous avec une consultante en lactation qui m'a confirmé que je ne produisais pas assez de lait pour mon enfant en pleine croissance. J'ai décidé de supplémenter en ajoutant un biberon par jour, à la fin de la journée, quand j'avais le moins de lait. En une journée, Hahona s'est mis à dormir. De bébé difficile, il s'est transformé en petit ange. Tout simplement parce qu'il n'avait plus faim. C'est en comprenant qu'il me disait le mot de la faim que j'ai pu prendre la décision de supplémenter. Si j'avais insisté sans rien changer, sans comprendre ce qu'il avait, alors notre relation aurait été affectée, cela aurait été très dur pour tous les deux.

KAHUIWI

Toutes les études que j'ai menées confirment l'expérience de Kahuiwi : le langage des bébés est efficace à la fois en cas d'allaitement au sein et d'allaitement mixte. Quand elles prennent conscience de la faim de leur bébé, de leur production insuffisante de lait, les mères ajoutent un biberon en fin de journée ou en remplacement d'une tétée. (Pour savoir comment maintenir ou augmenter sa production de lait, voir la section précédente, « Pas assez de *nèh* ? Comment augmenter sa production de lait. »)

Postures pour l'allaitement mixte

Assise, dos droit, bébé « en berceuse »

La posture en berceuse convient à un allaitement mixte. Il s'agit de la posture assise, bien adossée, avec le bébé en diagonale devant la poitrine. On donne le sein comme d'habitude, en s'assurant de changer de sein. On vise à obtenir un maximum de stimulation de chaque sein. Si le bébé a encore faim alors il repousse le sein et crie *nèh*. On s'assure d'abord qu'il s'agit bien d'un *nèh* et non d'un *èh* (j'ai besoin de roter) ou d'un *èèrh* (j'ai des gaz dans l'abdomen). On propose alors le sein donné en premier et on vérifie que le bébé l'a bel et bien vidé. Si le bébé continue à repousser le mamelon, on change de nouveau de côté. On offre chaque sein deux fois : deux fois un côté, deux fois l'autre. Cela devrait encourager le bébé à boire tout ce qu'il peut boire.

Une fois certaine qu'il n'y a plus de lait, on glisse la tétine du biberon le long du sein sans bouger l'enfant. Dès qu'il pleure *nèh*, on la lui propose en lieu et place du téton. Une fois qu'il a fini de se nourrir, s'il semble réclamer une tétée pour le plaisir, on remplace la tétine du biberon par notre mamelon.

Tourné vers l'extérieur

Une puéricultrice norvégienne m'a enseigné cette posture. L'idée est d'avoir le biberon tout contre vous, le long de votre poitrine de manière à ce que le bébé puisse sentir votre odeur même s'il n'a accès qu'à un biberon, tout en vous permettant de stimuler votre production de lait et en répliquant nombre d'aspects de l'allaitement au sein : contact peau à peau, odeur du bébé et bruits.

- S'allonger adossée à un oreiller, le corps formant un angle d'environ trente-cinq degrés avec le matelas. Le bébé est positionné dos contre notre poitrine, ses fesses sur notre ventre, tête calée entre nos seins, en maximisant le contact peau à peau (T-shirt retiré et body du bébé enlevé). S'il fait froid, vous pouvez enrouler une couverture autour de vous deux.

- Reposer un coude sur le matelas et placer la tétine dans la bouche du bébé en conservant un angle d'environ quarante-cinq degrés entre le bébé et le biberon.

Allaiter au biberon

Comment j'ai décidé d'allaiter au biberon

Pendant ma grossesse, j'ai interrompu le traitement médical que je suivais, lâchant nombre de mes médicaments, parce que je voulais offrir à notre enfant le meilleur départ possible dans la vie. Après la naissance, j'ai compris que je devais aussi m'occuper de ma santé pour être présente à lui. J'ai décidé de l'allaiter au biberon parce que cela signifiait que je pouvais reprendre mes médicaments. J'avais besoin d'aller bien et d'être une bonne mère.

CATHERINE

Même s'il est préférable de faire tout son possible pour allaiter au sein le plus longtemps possible, ne serait-ce que les quelques premiers jours après la naissance ou de mettre en place un allaitement mixte, parfois, on ne peut pas. Si vous optez pour l'allaitement au biberon, alors c'est le meilleur choix pour vous et votre enfant. Une mère confiante et détendue avec un bébé bien nourri vaut toujours mieux qu'un parent malade ou en détresse émotionnelle avec un bébé sous-nourri. Cette décision doit toujours être prise avec l'avis d'un médecin de confiance, plutôt qu'avec celui de membres de la famille ou d'amis. Une fois la décision prise, détendez-vous : vous faites le bon choix. Vous pouvez désormais vous concentrer sur tout ce qui favorise l'attachement avec votre enfant.

En l'écoutant et en comprenant ce qu'il vous dit, vous pouvez tout à fait le nourrir à la demande, même au biberon. Parce que *nèh* vous aide à savoir quand vous préparer, ce mot vous sera fort utile, car il faut plus de temps pour préparer un biberon qu'une mise au sein.

Il est en effet préférable de prendre le temps de vérifier la température du lait au moyen d'un thermomètre et de ne jamais le chauffer aux micro-ondes. Par ailleurs, pour préparer le biberon, il est important de respecter les instructions du fabricant à la lettre, sans exception.

Postures d'allaitement au biberon

De nombreuses postures pour allaiter au sein conviennent parfaitement à l'allaitement au biberon. L'idée est de chercher autant que possible à reproduire l'expérience physique et émotionnelle de l'allaitement au sein, afin de faciliter l'attachement entre soi et l'enfant.

Chaque biberon est un moment spécial, dès qu'on prend son nourrisson dans les bras pour le nourrir. C'est un moment idéal pour se connecter à lui. Vous ne modifiez que la source du lait, pas le reste de l'expérience. Vous, par exemple, vous êtes bien là ! Même quand il grandit, il est préférable d'éviter de le laisser boire seul ou de lui tenir le biberon alors qu'il est allongé dans un berceau. Votre bébé a besoin de sentir votre odeur et d'être pris dans les bras quand vous le nourrissez. Vous pouvez satisfaire ce besoin aussi bien avec un biberon qu'avec un sein.

On donne le biberon dans un endroit confortable pour soi comme pour l'enfant, avec tout ce qu'il faut de coussins pour soutenir la posture de portage et le dos. Si vous avez subi une césarienne ou si vous produisez encore du lait, tout peut sembler encore inconfortable, alors soyez douce avec vous-même. Préparer près de soi eau, linge pour le rot, tétine, soutien-gorge de rechange, compresses ou coussinets d'allaitement (eh oui, vos seins peuvent encore éjecter du lait).

Assise, dos droit, bébé «en berceuse»

La plupart des gens s'assoient pour donner le biberon à un bébé : c'est pratique et possible n'importe où.

- Trouver un endroit confortable pour s'asseoir droit, sur un siège avec un bon dossier, offrant un solide support pour le dos, ou sur un lit avec des oreillers.

- Placer un oreiller sur nos genoux.

- Le bébé est installé l'arrière de sa nuque dans le creux d'un de nos bras. Ce dernier appuyé sur l'oreiller posé sur nos genoux. Garder la tête du bébé plus haute que son corps tout du long de l'allaitement au biberon.

- Toucher les lèvres du bébé avec la tétine du biberon, il ouvrira la bouche. Cette dernière grande ouverte, guider la tétine à l'intérieur. On s'assure que la tétine rentre complètement dans sa bouche, au-dessus de sa langue, afin qu'il avale le moins d'air possible.

- Garder un angle de quarante-cinq degrés. Quand il approche de la fin, retirer le biberon de manière à ce qu'il n'avale pas trop d'air.

Allongée

On peut donner le biberon au lit, allongée. C'est bien pratique le soir quand il se fait tard ou tôt le matin, quand le bébé est aisément accessible depuis le lit. Cette posture vous conviendra aussi si vous avez eu une césarienne ou si vous avez besoin de changer de position afin de soulager des douleurs aux seins (même si vous n'allaitez pas, il est possible que vos seins soient douloureux pendant quelque temps).

- Allongés côte à côte, le bébé face à vous. Sa tête, soutenue dans le creux de votre bras, sera surélevée par rapport à son corps reposant sur le matelas.

- S'assurer d'être confortablement installée.

- Caresser les lèvres du bébé avec la tétine du biberon pour l'encourager à ouvrir la bouche. Attendre qu'il l'ouvre en grand puis guider la tétine dans la bouche.

- Maintenir sa tête et son corps pendant qu'il tète. Si nécessaire, vous pouvez utiliser votre coude pour surélever sa tête un peu plus. Cela peut l'aider à déglutir en avalant moins d'air.

- Ne pas oublier de tenir le biberon à quarante-cinq degrés.

Bébé allongé sur vos genoux

Cette posture, très répandue en Turquie, au Pakistan et en Inde, convient bien aux enfants souffrant de coliques ou de reflux ou à ceux qui disent souvent *èh* (j'ai besoin de roter ») et *èèrh* (j'ai des gaz dans le bas-ventre).

- S'installer sur un lit, un canapé ou par terre, avec des coussins pour surélever les genoux de manière à ce qu'ils forment un angle de trente degrés environ.

- Allonger le bébé face à vous sur vos cuisses, ses fesses sur votre ventre.

- Le coude portant le biberon peut prendre appui sur votre hanche de manière à maintenir l'angle de quarante-cinq degrés du biberon sur la durée.

- Guider la tétine vers la bouche du bébé.

Parce que cette posture peut fatiguer les bras, elle demande de la vigilance sur le maintien de l'angle du biberon. Mais elle a l'avantage de réduire l'absorption d'air et vous permet plus de contacts les yeux dans les yeux avec votre enfant.

Lait maternisé: principes importants

C'est l'évidence, mais on ne peut pas donner à son bébé autre chose que des laits maternisés, spécifiquement conçus pour les nourrissons. On ne donne jamais de lait non maternisé à des enfants de moins de douze mois, quel que soit le type de lait (lait de chèvre, de vache, de soja, lait en poudre ou lait condensé).

Il est recommandé d'allaiter son enfant au sein, au moins les quelques premiers jours après sa naissance, afin qu'il bénéficie des bienfaits du colostrum. Les anticorps présents dans le colostrum ne peuvent être transmis à l'enfant que par ce biais-là. Si, dès les premiers jours, il est impossible de lui donner le sein, vous pouvez en parler à votre médecin.

Aujourd'hui, il existe plusieurs sortes de lait maternisé: à base de lait, à base de soja... Votre consultant en lactation ou votre médecin vous indiqueront le lait le plus adapté à votre bébé. Au début, à la naissance, ils vous recommanderont sans doute un lait maternisé à base de lait de vache. En général, les laits à base de soja ne doivent être donnés que sur l'avis d'un médecin. Comme je travaille avec des bébés qui pleurent souvent, ma préférence va aux laits hypoallergéniques, faibles en lactose et riches en protéines, recommandés pour les bébés allergiques ou souffrant de coliques ou de reflux. Mais la plupart des bébés n'ont aucun problème de santé et commencent avec un lait maternisé à base de lait de vache spécifique à leur âge.

Je recommande les laits maternisés les plus proches du lait humain, mais ne vous étonnez pas si vous devez en tester plusieurs avant de trouver celui qui convient à votre enfant. Il est très important de demander l'aide de votre médecin dans votre recherche. Vous pouvez l'aider en préparant vos questions pour vos rendez-vous de bilan. Enfin, vous devez suivre scrupuleusement le mode d'emploi de votre lait maternisé. Si vous le diluez trop ou trop peu, vous risquez des problèmes de nutrition.

En cas d'allergie

Pour les bébés présentant des antécédents familiaux d'allergie, asthme, rhume des foins, eczéma ou allergie aux arachides, noix ou soja, il existe des laits maternisés spécifiques. Pour ces bébés, il est important de privilégier l'allaitement exclusif au sein pendant quatre à six mois. Quand c'est impossible, il est nécessaire de se procurer un lait maternisé spécial. Votre médecin vous conseillera sur le lait adapté et vous le prescrira.

Le langage des bébés et l'allergie au lait maternisé

Ma fille est mon troisième enfant. Bébé, elle hurlait environ une heure après chaque biberon. Quand je dis qu'elle hurlait, c'était vraiment quelque chose. Elle relevait ses jambes, son visage se crispait et je voyais bien que quelque chose n'allait pas bien du tout. Même ses selles me paraissaient différentes. J'avais appris les pleurs des bébés en regardant une émission de télévision avec Priscilla Dunstan et j'ai reconnu ceux de ma fille, après les biberons. C'était les pleurs indiquant qu'elle avait des gaz dans l'abdomen. Je l'ai emmenée chez le pédiatre et nous avons changé son lait maternisé. Avec un lait pauvre en lactose, en quelques jours, elle allait mieux.

TOBY

Bien choisir le biberon et la tétine

Tétine en latex ou en caoutchouc, débit rapide, débit lent, biberon en plastique ou en verre... Que de choix! Certains biberons annoncent réduire les coliques, d'autres clament reproduire le mamelon parfaitement et d'autres encore se veulent bénéfiques pour le développement dentaire. Waouh !

Je vous propose de vous procurer plusieurs types de biberons et de tétines spécifiques à l'âge de votre bébé et de voir à l'usage ce qui lui convient le mieux. En cas d'allaitement mixte, on peut se procurer une tétine large, plus ressemblante au bout de sein, ce qui aidera l'enfant à passer du sein au biberon et vice-versa.

Quand on a identifié sa tétine préférée, on peut se concentrer sur le biberon. C'est un processus d'essais et d'erreurs, mais j'ai remarqué que les principes suivants aident les parents :

- Si le bébé émet de nombreux gaz, donc s'il dit de nombreux *èh* (chapitres 5 et 6) ou *èèrh* (chapitres 7 et 8), on teste les modèles anticoliques. Certains sont réellement efficaces !

- Si le bébé prononce surtout le mot *nèh*, on choisit les modèles standard, avec un écoulement facile.

- S'il s'endort rapidement juste après son biberon ou si *aoh* est le pleur réflexe le plus fréquent, on préférera les modèles de biberon inclinés. Ces modèles limitent la quantité d'air ingérée. Autre avantage, on a moins besoin de modifier la position du bébé pour finir le biberon.

Les mamans qui tirent leur lait peuvent utiliser les biberons fournis avec le tire-lait, conçus pour faciliter la réfrigération. Elles n'ont pas à le transférer d'un pot à un autre.

Problèmes de biberon

Si votre bébé lâche la tétine en disant *nèh* alors qu'il reste du lait dans le biberon, vous pouvez vérifier que la tétine n'est pas bouchée par de la poudre non dissoute. Si c'est le cas, votre bébé ne tète pas à la bonne vitesse. Il suffit alors de presser le bout de la tétine pour enlever le bouchon ou de remplacer la tétine, avant de proposer de nouveau le biberon à l'enfant.

S'il termine son biberon en disant *nèh*, alors il en veut encore. Une poussée de croissance subite peut développer son appétit. Tout simplement, il grandit !

Si vous lui donnez le biberon à la demande, vous remarquerez qu'il prendra plus ou moins de lait en fonction de l'heure de la journée. Comme les bébés allaités au sein, ses besoins énergétiques varient au fil du temps.

S'il rejette la tétine en disant *èh*, alors c'est le moment de lui faire faire son rot. Vous pouvez ensuite prêter l'oreille au prochain *nèh* s'il veut continuer à se nourrir.

Un lait maternisé inadapté ?

Si votre bébé donne des signes d'inconfort, par exemple de longues crises de pleurs, des jambes qui s'agitent en l'air ou s'il prononce le mot *èèrh* (chapitre 7) plusieurs fois avec le mot *hèh* (chapitre 9) ou s'il émet davantage de gaz ou rejette son lait plus fréquemment, alors il est possible que son lait maternisé ne lui convienne pas. Votre médecin pourra vous en proposer un autre. Avant la consultation, il est important de noter les heures des biberons, les quantités bues et la qualité de l'expérience. Pendant le biberon : tète-t-il en douceur, sans rejet de la tétine ? Avale-t-il tout d'un coup ? pleure-t-il ? s'énerve-t-il ? lâche-t-il des gaz ? Vous pouvez aussi décrire l'après-biberon : les pleurs ou les crampes se déclenchent combien de temps après le biberon ? N'hésitez pas à écrire dans un carnet tous les détails de comportement. Ils se révéleront utiles. Il peut s'agir d'un problème de croissance, de portage, de coliques, de reflux ou d'un besoin de changer de lait maternisé. Votre carnet de notes permettra à votre médecin de faire le bon choix pour votre bébé.

3. *Aoh* : j'ai sommeil

Quand vous entendez un bébé prononcer le mot *aoh*, il indique qu'il est fatigué. Il a sommeil et vous pouvez le mettre au lit. En fait, il bâille et son bâillement produit un son *aoh*. Vous entendrez le mot *aoh* dans la phase du pré-cri comme dans celle des cris à pleins poumons, avant même d'observer les signes habituels de la fatigue, mouvements brusques et irréguliers, mouvements agités du poing vers la bouche ou frottements d'yeux, par exemple.

Il est important de décrypter le pré-cri *aoh* comme un signe avant-coureur de la fatigue, car les bébés, comme les adultes, s'endorment plus facilement quand ils commencent juste à se sentir un peu fatigués. Sinon, ils risquent de trouver un second souffle et de s'exténuer. Paradoxalement, ils auront alors plus de difficultés à s'endormir.

Les nourrissons et spécifiquement les plus jeunes sont très vulnérables au surmenage. Quand un bébé donne des signes physiques de fatigue, quand il se frotte les yeux par exemple, il a déjà dépassé le stade de la fatigue légère et il lui faudra plus de temps et d'attention pour s'endormir. Le moment propice du coucher survient dès que vous entendez son premier *aoh*.

À quoi ressemble le mot *aoh*

On retrouve des sons identiques à ceux du mot *aoh* au début de « ah bon ? », dans « raout », « maous » et à la fin de « waouh ! ». Quand vous le prononcez, vous pouvez observer que votre langue reste collée en bas de votre bouche. Quand vous refermez la bouche et la gorge, vous entendez un léger *o* puis le *h*, comme quand on termine de bâiller.

Donc pour reproduire le mot *aoh*, il nous suffit de bâiller. D'abord, on ouvre la bouche en grand en étalant la langue vers le bas et en poussant nos dents du bas. On inspire, ce qui ouvre l'arrière-gorge et on commence à bâiller. En expirant, on ajoute un son, en laissant la voix libre. Vous entendrez un long *a*. Si on prolonge le son en fermant la bouche, il se modifie en léger *o* suivi d'un *h*.

La fabrique du mot *aoh*

Comme nous venons de le voir, le bâillement est une inspiration pendant laquelle la bouche s'ouvre et prend une forme ovale. À l'ouverture de la bouche, la mâchoire inférieure descend et la langue recule et s'étale, réduisant la taille de l'ouverture à l'arrière de la gorge (contre la paroi du pharynx) et provoquant l'abaissement du larynx. Quand nous fermons la bouche en expirant l'air, cet abaissement du larynx produit les voyelles du son *aoh*. Le *h* final est prononcé à l'expiration de l'air qui gonfle nos joues.

Si vous observez votre fille pendant qu'elle dit *aoh*, vous remarquerez l'ovale de sa bouche, puis sa langue rétractée et abaissée, élargissant et ouvrant davantage la cavité buccale. En parallèle, son diaphragme s'étale et se contracte tandis qu'elle bâille. L'ensemble de ces mouvements produit le son *aoh*. Votre enfant plissera peut-être les yeux en le prononçant.

Aujourd'hui, les chercheurs ne savent pas encore vraiment pourquoi les humains, comme d'autres animaux, bâillent, si ce n'est pour indiquer une fatigue et donc une baisse de l'attention. Ils ont observé que le bâillement n'est contagieux qu'entre humains adultes et non entre nourrissons. D'après eux, un bébé ne bâille que parce qu'il en a besoin.

Entendre *aoh*

Un bébé bâille davantage qu'un adulte, mais son bâillement n'est pas aussi évident à repérer que celui d'un adulte. Dans une famille animée ou un espace public bruyant, ses *aoh* discrets peuvent facilement passer inaperçus.

S'ils ne sont pas perçus d'entrée, l'enfant se met à geindre, ce qui ajoute des bruits parasites autour de ses *aoh*, augmentant la difficulté à les détecter. Puis il fond en larmes et d'autres bruits encore se greffent autour de ses *aoh*.

Comme pour les autres sons, il est préférable d'entendre *aoh* avant qu'il ne soit noyé par d'autres cris. C'est aussi le moment idéal pour aider votre petit à s'endormir facilement. En réagissant rapidement au besoin naturel de dormir de votre bébé, vous vous donnez toutes les chances d'éviter de passer des heures à le bercer, le caresser ou le promener avant qu'il ne s'endorme.

4. Solutions pour *aoh*

Comprendre le sommeil

Le plus souvent, notre fille dit aoh. *Sans doute parce que notre plus gros problème, c'est son sommeil. Je trouve qu'elle couine un peu comme un chat, mais mon mari trouve plutôt que ça ressemble à quelqu'un à qui on écrase un orteil. Peu importe, c'est bien* aoh. *La bouche est ovale, en forme de bâillement, ce qui tombe sous le sens, puisqu'on bâille quand on est fatigué !*

ANNE

Quand vous repérez *aoh* dans les pleurs de votre bébé, vous savez qu'il signale sa fatigue. Il est temps de le préparer pour le coucher.

Le sommeil de votre bébé

Pour tout ce qui touche au sommeil d'un bébé, la flexibilité prime. On n'arrête pas d'être parent quand le soleil se couche. Comme nous n'ignorons pas les besoins de notre bébé de jour, nous n'allons pas les ignorer la nuit.

Avec un nouveau-né, il est préférable d'avoir des attentes réalistes. Un nourrisson ne va pas dormir toute une nuit. Tous les parents manquent de sommeil, au début. Par moment, on se demande si ça s'arrêtera un jour. Oui, ça passe. Ce n'est que pour quelques mois qu'il nous faut davantage de patience, le temps que le bébé intègre le rythme des nuits et des jours.

Inutile de s'énerver quand il donne l'impression de ne jamais vouloir dormir. Rester calme aidera davantage, quitte à appeler quelqu'un à la rescousse quand on a besoin de relais. Le mot *aoh* vous aidera énormément. Soyez prête pour la routine de l'endormissement dès que vous l'entendez.

Ceci dit, les nouveau-nés dorment beaucoup, entre seize et dix-sept heures par jour. Malheureusement, ce sommeil s'étale tout au long de la journée et de la nuit, en petits moments brefs, de dix à quinze minutes pour les plus courts et de deux à quatre heures pour les plus longs. Le sommeil des parents est nécessairement interrompu. Vous avez le droit, vous aussi, de faire plusieurs siestes par jour !

Votre sommeil

Prendre en compte ses propres besoins comme ceux de l'enfant

Au début, notre fille dormait dans sa propre chambre. Mais au fil des nuits, nous avons accumulé le manque de sommeil, alors nous avons déplacé son lit près du nôtre. Depuis, je l'entends pleurer plus facilement et je me lève aussi plus rapidement pour la nourrir et la changer.

TERRY

Personne ne sait vraiment ce que c'est que de manquer de sommeil avant d'en vivre l'expérience ! Le manque de sommeil est un fait avéré pour tous les parents, générant de nombreux symptômes : irritation, manque de concentration, mauvaise mémoire, sautes d'humeur, tristesse. Dans un foyer, quand un bébé dort mal, tout le monde en est affecté. Il faut du temps pour revenir à la normale et récupérer le sommeil en retard, le vôtre comme celui du bébé !

Avant tout, il est nécessaire d'aborder la situation avec flexibilité et de prendre en compte non seulement les besoins en sommeil du bébé, mais aussi les nôtres ! Souvent, les parents changent d'approche en cours de route. Inutile de se stresser là-dessus : on en apprend davantage chaque jour. Toute nouvelle information aide à prendre la meilleure décision pour soi et pour toute la famille.

Si vous êtes au bout du rouleau tellement vous êtes carencés en sommeil, vous pouvez décider que dormir soit votre priorité. Pendant quelques jours, je vous propose d'écouter attentivement les *aoh* de votre bébé et de laisser tomber toutes les corvées ménagères. Quand vous le couchez, vous vous couchez aussi. Rassurez-vous, les bébés grandissent. Quand le vôtre atteindra son quatrième, cinquième ou sixième mois, vous le verrez dormir pendant huit heures, parfois douze heures d'affilée par nuit !

Savoir entendre les *aoh* change bien plus que le sommeil du bébé. Avoir un bébé reposé change la vie. Être fatigué affecte toutes les capacités, et pour un nourrisson, cela signifie être ou non capable de s'adapter et de dépasser les difficultés passagères de ses journées. Souvent, les parents soulignent qu'une fois les problèmes de sommeil résolus, leur bébé se nourrit plus facilement, joue plus agréablement. Les interactions sont plus gaies. C'est une vraie joie de s'en occuper. Il est plus facile de sentir le lien avec un enfant heureux qu'avec un enfant fatigué et énervé.

Tout le monde y gagne. Si votre bébé dort, alors vous dormez, vous aussi. Votre confiance en tant que parent augmente, parce que vous vous sentez davantage synchrone avec ses besoins.

Quand on peut dormir davantage, on enclenche un cercle vertueux. Et vous dormez plus et mieux grâce à la détection précoce du mot *aoh*.

Apprendre à s'endormir suite au **aoh**

Bravo, vous savez reconnaître la fatigue de votre bébé dès qu'il dit *aoh* et vous le mettez au lit avec davantage de facilité. Repérer ce mot magique n'est toutefois pas suffisant, vous avez encore à bercer votre bébé et lui enseigner à s'endormir. Le sommeil comme l'éveil requièrent des compétences et des habitudes. Nous leur apprenons à grandir de jour comme de nuit. Spécifiquement, nous voulons :

- Encourager le bébé à faire la différence entre le sommeil de jour et le sommeil de nuit.
- Que le bébé se réveille et se sente suffisamment en sécurité pour se rendormir.
- Que le bébé perçoive son lit comme un sanctuaire où il recharge ses batteries et se réconforte, plutôt que comme un endroit où il se sent seul et où il a peur.

Une routine d'endormissement fait le gros du travail d'intégration de la voie vers le sommeil. On peut insérer de légères variations dans la routine pour signaler à l'enfant qu'il s'agit :

- De l'endormissement du soir pour toute la nuit, donc un sommeil long.

- D'un endormissement de jour pour la sieste, donc un sommeil court.

- De se rendormir lors d'un réveil pendant la nuit.

À chacun de ces moments-clés, votre façon de coucher votre fille (ou votre garçon) l'aide à comprendre à quoi s'attendre et à se préparer pour la suite. Par exemple, la nuit, vous la nourrissez dans la pénombre, croisant peu son regard, vous la changez rapidement, sans badiner. Elle associera peu à peu cette routine avec « réveil de nuit, rendormons-nous ». Pour les siestes de jour, en revanche, vous pouvez la bercer puis la poser dans un berceau placé dans le salon. Le soir, si vous enchaînez le bain avec un massage, une chanson, puis une tétée, elle comprendra que vous la préparez au long sommeil de la nuit.

Les routines les plus efficaces se construisent autour des préférences parentales et de celles du bébé et sont déclenchées dès qu'il montre des signes de fatigue en prononçant *aoh*. Vous éviterez une bonne dose de stress à chacun si vous repérez *aoh* dans le pré-cri. Il fait bon vivre avec un bébé content, reposé... C'est plus facile qu'avec un bébé épuisé et anxieux. Cela vaut pour les parents aussi, d'ailleurs ! Pour plus d'astuces sur les routines, voir la troisième partie.

Optimiser le sommeil du bébé avec **aoh**

Quand on sait repérer le mot de la fatigue, on ne se bat plus avec un bébé déjà épuisé ou pas encore assez fatigué. C'est pareil pour nous. Si nous nous couchons dès que nous nous sentons fatigués, nous n'avons aucun mal à nous endormir. Mais les soirs où nous repoussons le moment d'éteindre (« Encore un chapitre » ou « Je vide juste le lave-vaisselle »), quand nous en avons terminé, nous ne sommes plus fatigués et peinons à nous endormir. La plupart d'entre nous avons fait l'expérience de telles nuits, notamment quand nous passons à l'heure d'été ou d'hiver ou en voyage, à cause du décalage horaire : nous voulons dormir, mais notre corps ne se laisse pas faire. Pourquoi croyez-vous que les somnifères se vendent si bien ?

Les nourrissons ne contrôlent pas autant leur environnement que nous et disposent de moins de réserves de sommeil. De plus, ils ont moins d'expérience avec les routines d'endormissement. Comment un bébé d'une semaine pourrait-il y arriver ? Si les adultes ont des problèmes d'endormissement, soyons réalistes, nos tout-petits aussi !

On ne peut forcer personne à s'endormir. Tout le monde s'endort naturellement. Si vous n'entendez pas le mot *aoh*, votre bébé n'est probablement pas encore fatigué. Cela dit, plus il est calme, plus il est détendu, plus il lui sera facile de ressentir sa fatigue et de la signaler avec le mot *aoh*.

Dès que vous entendez *aoh*, il est temps de réagir et d'enclencher la routine d'endormissement dans un sentiment de sécurité et d'amour.

Le mot *aoh* vous indique le rythme et les besoins spécifiques de votre enfant. Si votre bébé n'est pas votre premier enfant, vous remarquerez que son rythme diffère complètement de ses grands frères et grandes sœurs au même âge.

Chaque bébé a son rythme

Mon premier enfant, Christopher, était facile à coucher. Je le nourrissais, lui changeais sa couche, le berçais et il s'endormait. Mais quand Annabelle est née, j'ai passé des heures à m'efforcer de l'endormir. Après avoir appris les mots du langage des bébés, j'ai découvert qu'elle avait un rythme totalement différent. Quand elle pleurait pendant plusieurs heures après avoir mangé, elle n'avait pas encore faim, elle était fatiguée. Et elle voulait manger après sa sieste et non avant. Vouloir nourrir un bébé qui a sommeil, c'est difficile; chercher à endormir un bébé qui n'a pas sommeil, c'est encore plus dur! Maintenant, je la mets au lit dès que je l'entends dire aoh. *La routine est bien plus facile. C'est l'inverse de ce que je faisais avec Christopher, mais chaque enfant est différent et la seule façon de le savoir, c'est de les écouter.*

SALLY

Attendre le fameux dernier **aoh**

La routine du coucher clôt la journée. Elle installe votre enfant dans le sommeil long. Un certain nombre de choses rendent ce sommeil long différent de celui, plus court, des siestes. La routine du soir détend votre enfant, rend le sommeil agréable et lui signale vos attentes : qu'il s'endorme ! Les parents croient souvent que les bébés devraient automatiquement se calmer à la nuit tombée. Mais le sommeil, ça s'apprend ! À nous de faire preuve de patience et de compréhension pour l'accompagner dans ses apprentissages de jour comme de nuit.

Une fois votre routine installée, il vaut mieux attendre que votre bébé prononce le mot *aoh* puis s'adapter à l'heure à laquelle il le dit. Peut-être aurez-vous à le câliner un peu plus longtemps, peut-être un peu moins. Vous verrez bien. Les bébés comme les adultes apprennent mieux dans la détente, quand ils sont réceptifs. N'oublions pas aussi qu'ils agissent selon un instinct de survie primitif : ils ne s'endormiront pas s'ils ne se sentent pas en sécurité. Plus ils se sentent en sécurité, plus ils s'endormiront facilement… et resteront endormis.

Aoh *et la routine du soir*

J'ai eu énormément de difficultés à endormir Prudence. Elle faisait des crises de pleurs, avec des petits mouvements brusques, saccadés. Je savais qu'elle était fatiguée alors je la berçais, je la promenais dans sa poussette et même en voiture, autour du pâté de maisons, pour l'endormir. Je n'arrivais pas à m'en sortir, je me disais qu'il y avait forcément une autre façon de faire. Maintenant que j'ai appris à faire la différence entre ses pleurs, j'agis tout de suite, dès que j'entends le premier aoh. *Je la mets au lit, lui donne sa tétine et elle s'endort instantanément. Pas un seul pleur, pas un seul cri. Elle s'endort d'un coup ! Mais si je rate le premier* aoh, *alors elle pleure et s'énerve et on repart comme avant, on enchaîne les tours de pâté de maisons...*

TONY

Commencer par le commencement : où coucher le bébé

Nos croyances culturelles et notre niveau de confiance nous dictent souvent l'endroit où le bébé doit dormir. Où qu'il dorme, il est important de s'assurer qu'il est en sécurité et de prendre en compte les consignes permettant d'écarter les risques de Mort subite du nourrisson (MSN), notamment :

- Toujours coucher le bébé sur le dos.
- Éviter les excès de couvertures ou les plaids qui pourraient lui couvrir le visage si jamais il bougeait.

- Enlever tous les jouets du lit, surtout les peluches.

- Maintenir une température constante dans la chambre.

- Ne pas fumer près du nourrisson.

- Éviter au bébé les pleurs excessifs et le stress.

Plus le bébé grandit, plus il bouge et se retourne. C'est pourquoi il faut vérifier en le couchant que la barrière de son lit soit relevée, puis penser à le border. On ne le laisse pas endormi sur un lit d'adulte ou un canapé non équipés de sécurité l'empêchant de tomber.

Voici différents choix possibles pour coucher un bébé. Il existe autant de variations de ces choix qu'il existe de bébés. À vous de voir celle qui convient au vôtre, celle avec laquelle vous vous sentez à l'aise. L'un comme l'autre, vous avez de nombreuses choses à apprendre en quelques mois, alors vous pouvez être bienveillant envers vous-même autant qu'avec votre petit.

Le cododo

Il peut être parfois un peu dangereux de dormir avec un tout petit être sans défense dans le même lit[1]. En revanche, on peut tranquillement dormir à côté d'un nourrisson installé dans un lit collé au nôtre. Cela permet d'entendre le bébé et de tendre la main vers lui si nécessaire, sans prendre le risque de lui faire mal. Rappelez-vous : le manque de sommeil est un gros problème pour tous les parents de nouveau-nés. En même temps, on ne peut pas écarter les problèmes de sécurité. Quand on finit par s'endormir, on ne se réveille parfois pas si facilement que ça !

Même chambre, lit différent

En Australie, c'est la solution la plus populaire pour les parents de nouveau-nés : le bébé dort dans son propre berceau, dans la chambre des parents ou juste de l'autre côté de la porte. Les parents entendent bien les sons émis par l'enfant et peuvent se lever rapidement, tout en gardant un minimum d'intimité. Ils ne risquent pas de se retourner sur le bébé ou de ne pas l'entendre pleurer.

1. Le co-sommeil ne présente aucun risque quand on respecte quelques consignes de sécurité. Pour les parents : pas d'alcool, de tabac, de cannabis ni de somnifère ou autres sédatifs. Un matelas ferme, une organisation qui empêche l'enfant de tomber du lit, pas de couverture ou de couette qui risque d'étouffer l'enfant. (*NdE*)

Chambres séparées

Le rêve à l'épreuve de la réalité

J'avais rêvé de cododo avec mon bébé, mais il faisait trop de bruit ! Chaque fois qu'il reniflait, il me réveillait et je redoutais un problème. Et il ronflait ! Qui aurait cru qu'un bébé pouvait ronfler ?

EMILY

Dans les pays occidentaux, notamment en France, de nombreux parents choisissent cette façon de dormir, chacun dans sa chambre. Un bébé qui dort n'est pas aussi silencieux qu'on le pense ! Il peut ronfler, renifler et même pleurer dans son sommeil. Certains parents n'arrivent pas à dormir avec tout ce bruit. On peut utiliser un babyphone : on entend quand même l'enfant, sans se sentir autant dérangé. Mais, avec ce mode de couchage, quand le bébé pleure, il faut se lever et se rendre dans sa chambre. Autre inconvénient : parfois, on n'entend pas son pré-cri de faim. Quand il a vraiment faim, il se réveille complètement. Cependant, si les parents dorment mieux avec ce choix de couchage, alors c'est un avantage certain qui vaut tout le temps supplémentaire passé à rendormir son bébé ou à se rendormir soi-même.

Techniques d'endormissement

Dans les bras

J'ai utilisé cette méthode avec mon fils Tom et je ne le regrette pas. Tout simplement, je le portais et le berçais jusqu'à son assoupissement. J'aimais tellement le regarder s'endormir dans mes bras, tel un ange, lui qui ne manquait pas une occasion de se faire entendre quand il était réveillé ! Dès qu'il s'endormait, je devais très vite le déposer dans son berceau parce que je ne voulais pas prendre le risque de le réveiller une fois le cycle de sommeil paradoxal enclenché. En effet, les bébés passent davantage de temps que les adultes en sommeil paradoxal, c'est-à-dire en sommeil léger, plus facile à perturber que le sommeil profond.

Plusieurs postures permettent d'endormir un bébé dans les bras : à la verticale si le bébé a des gaz ou n'a pas fait son rot avant le coucher, à cheval sur le bras s'il est sujet aux coliques ou tout simplement en le berçant en rythme. Cette dernière méthode réconforte la plupart des bébés, mais certains ne l'apprécient pas.

Pour aider son bébé à s'endormir, mieux vaut résister à l'envie de l'admirer. Tout contact visuel peut le garder éveillé.

À la maternité, une infirmière fabuleuse m'a appris une autre astuce qui m'a énormément servi avec mon fils. Je passais ma main doucement sur son front puis sur le dessus de son nez, en lui couvrant les yeux. Ce mouvement tout en douceur l'encourageait à fermer les yeux. Une fois les yeux fermés, il ne tardait pas à s'endormir.

Méthode douce pour apprendre au bébé à s'endormir tout seul

Avec cette méthode, tout est affaire de timing. On attend jusqu'au moment où le bébé est presque assoupi, mais pas complètement. Juste avant qu'il ne s'endorme, on le couche dans son lit. Cette approche aide votre bébé à apprendre à s'endormir tout seul, ce dont il a besoin pour dormir une nuit complète. Elle permet aussi d'éviter de le laisser pleurer jusqu'à ce qu'il tombe d'épuisement.

On peut utiliser cette technique avec *aoh* : quand l'heure du coucher approche, on commence la routine du soir. Mais on attend d'entendre *aoh* pour la terminer. À ce moment précis, on accélère en vue de la conclure avant que le bébé ne se mette vraiment à pleurer, puis on le couche sur le dos, dans son berceau.

S'il montre qu'il n'est pas d'accord, on reste près de lui et on le rassure en le frottant ou en le tapotant doucement. Juste avant qu'il ne s'endorme, on arrête de le calmer et on le laisse s'assoupir seul.

Plus votre bébé grandit, plus il gagne en autonomie dans sa capacité à s'endormir seul. Vous pouvez peu à peu passer moins de temps à le calmer et augmenter le temps où vous le laissez s'endormir seul.

Porter son enfant

Cette méthode convient parfaitement à différents types de nourrissons : ceux qui ont des coliques ou des reflux, ceux qui disent souvent *èh* (j'ai besoin de roter) ou *èèrh* (j'ai des gaz dans l'abdomen), ceux qui s'endorment avant leur rot ou ceux qui se réveillent toutes les vingt minutes en pleurant *èh*.

Pour endormir son bébé, on peut utiliser une écharpe de portage ou un porte-bébé. S'il a des gaz ou des reflux, la version verticale sera plus appropriée. S'il a des difficultés d'endormissement mieux vaut la version en diagonale. Quand il signale sa fatigue, on le positionne dans l'écharpe ou le porte-bébé et on le porte jusqu'à son endormissement. Ensuite, on le dépose dans son lit. Cette partie peut sembler difficile. Et c'est parfois le cas. Mais voici comment je m'y prenais.

Je me penchais au-dessus du lit de Tom, en le portant (toujours dans l'écharpe ou le porte-bébé) très proche de mon buste. Une fois que son dos était en contact avec le matelas, je défaisais le porte-bébé ou l'écharpe et la retirais doucement. Je me redressais lentement, en remplaçant sur le corps de Tom le poids de mon buste par une couverture pliée ou un petit oreiller. J'attendais un petit moment et m'assurais que Tom était bien installé, puis je retirais tout doucement la couverture pliée ou l'oreiller de son lit, ainsi que l'écharpe ou le porte-bébé.

L'astuce consiste à utiliser ce que l'on a sous la main pour substituer la sensation du corps à corps avec autre chose, afin d'éviter que le bébé se réveille. Cela peut sembler compliqué, mais cela se fait très rapidement et finit par devenir automatique.

Bercer ou marcher

Pour faciliter le sommeil d'un bébé, les accessoires ne manquent pas : lit à bascule, balançoire, landau avec berceau détachable permettant de marcher jusqu'à l'endormissement... Il vous faudra probablement en tester plusieurs avant de trouver le bon.

Certains bébés s'excitent facilement, mais se calment lentement. Un changement de température, d'air, d'environnement, peut les aider à s'abandonner au sommeil. Si c'est la méthode qui convient à votre bébé, il est préférable de choisir une poussette avec dossier rabattable, un landau avec un lit détachable ou tout autre moyen de locomotion permettant d'allonger complètement le bébé sur un matelas confortable. Les poussettes, transats et sièges-auto ne doivent pas être utilisés régulièrement pour les longs sommeils, sous peine de nuire au corps en développement du bébé.

Si votre enfant est de ceux qui ne s'endorment que sortis en poussette ou après une routine complexe, il est particulièrement important que vous repériez le mot *aoh* dans la phase de ses pré-cris. Vous aurez davantage de facilités à l'endormir que si vous attendez qu'il s'époumone. Au final, vous découvrirez peut-être que vous n'avez plus besoin de sortir le promener.

Environnement sonore

Les oreilles de votre bébé lui permettent d'entendre douze semaines avant sa naissance, ce qui le familiarise avec son environnement sonore. Une fois qu'il a prononcé le mot *aoh* et que vous l'avez couché, vous pouvez lui chanter une berceuse ou mettre un disque. Vous créez ainsi un déclencheur sonore qui lui signale l'heure de dormir. Plus votre bébé grandit, plus il apprend à s'endormir par lui-même avec l'aide de la musique.

Parfois, il aura du mal à s'endormir parce que tout est trop calme. En fait, votre bébé a l'habitude du bruit. Dans votre ventre, il n'était pas plongé dans le silence, loin de là : à cause de vos battements de cœur, de votre digestion et de votre respiration, il vivait en pleine fanfare ! Vous pouvez lui faire écouter des musiques d'ambiance, des bruits de fond ou enregistrer quelque chose de rythmique, votre machine à sécher le linge, par exemple. Changer son lit de pièce peut aussi faire des miracles. Certains bébés préfèrent dormir dans le salon, en plein bruit, d'autres préfèrent un environnement totalement calme.

Laisser pleurer son enfant jusqu'à l'épuisement ?

J'ai très clairement exprimé mon opposition à la technique consistant à laisser les bébés pleurer jusqu'à ce qu'ils s'endorment. D'ailleurs, certaines études récentes suggèrent que les pleurs excessifs pourraient contribuer aux MSN. Mais les circonstances varient d'un bébé à l'autre et si vous êtes convaincue que cette méthode est la bonne, alors, avant de quitter sa chambre, vous devez vous assurer que votre bébé a prononcé le mot *aoh* (j'ai sommeil) dans ses pleurs. Laisser un bébé fatigué pleurer tout seul pour s'endormir, c'est une chose. C'en est une autre de le laisser pleurer jusqu'à l'épuisement s'il a faim, souffre de douleurs au ventre ou d'autre chose. Dans le monde entier, les pédiatres recommandent de ne pas laisser les bébés de moins de six mois pleurer pour s'endormir.

Le langage des bébés et la méthode «laisser pleurer jusqu'à épuisement»

À la naissance de ma fille Ella, ma belle-mère est venue m'aider à la maison. C'est une grande adepte de la méthode «laisser pleurer». Quand Ella pleurait, je n'aimais pas la laisser et fermer la porte de sa chambre derrière moi. Je ne me sentais pas bien, mais j'étais incapable de dire pourquoi. Depuis que j'ai appris à comprendre les pleurs, j'entends quand ma fille a encore faim, quand elle a besoin de roter et je comprends pourquoi elle ne veut pas dormir. J'aurais beau la laisser toute seule, jamais cela ne réglerait ces problèmes ! Aujourd'hui, j'ai confiance en mes arguments et je tiens tête à ma belle-mère.

NANCY

Réconforter son bébé

Les tétines

De nombreux bébés aiment s'endormir avec une tétine. Si c'est le cas du vôtre, il commencera peut-être à vouloir téter tout en pleurant *aoh*. Vous entendrez alors un mot entre *nèh* et *aoh*, quelque chose comme *aohnèh*. Le mot *aoh* sera très clair et répété de nombreuses fois, tandis que *nèh* passera plus en arrière-plan.

Si vous entendez ce son, vous pouvez attraper la tétine et commencer la routine d'endormissement. Si vous êtes entre deux tétées, souhaitez augmenter votre production de lait ou juste la maintenir pendant un allaitement mixte, vous pouvez aussi laisser votre bébé prendre le sein plutôt qu'une tétine. Certains bébés s'endorment au sein ou au biberon. Avoir le ventre plein et être à l'endroit le plus confortable au monde, c'est irrésistible. Votre difficulté : vous assurer qu'il a bien fini son repas, sinon la faim risque de le réveiller une heure plus tard.

Plus important, si votre bébé s'endort sur vous, ne vous lancez pas dans une longue séance d'admiration béate ! Le temps presse. Il est préférable de le coucher dans son lit avant qu'il ne soit profondément assoupi. S'il était en train de téter quand il s'est endormi, vous pouvez le porter jusqu'à son lit en le tenant verticalement et en lui frottant le dos de bas en haut, afin de l'aider à faire son rot. S'il s'endort systématiquement après la tétée, vous pouvez surélever sa tête de lit. Cela l'aidera à roter sans le réveiller.

Border son enfant au niveau du ventre

Parfois, un réflexe de défense réveille involontairement le bébé. Il se réveille en sursaut parce qu'il ne se sent pas en sécurité. Vous pouvez le sécuriser en le bordant d'un linge ou drap bien serré au niveau du ventre, lui laissant bras et jambes libres. Par ailleurs, quand ils disent souvent *èh* (j'ai besoin de roter) ou *èèrh* (j'ai des gaz dans l'abdomen) ou souffrent de coliques, nous verrons au chapitre 6 que les bébés apprécient de dormir avec leur ventre bien contenu sous un drap bordé, mais jambes libres pour faciliter l'évacuation des gaz.

Aider son bébé à rester endormi

Comprendre la différence entre aoh *et* èh *change la vie*

James s'endormait souvent dans sa poussette et même dans sa chaise haute. Mais cela ne durait jamais. Au bout de dix ou quinze minutes, il se réveillait en criant. Je vérifiais sa couche, lui proposais de boire, mais rien ne semblait le calmer. J'ai fini par comprendre qu'il disait èh *et avait besoin de roter. Maintenant, je le prends dans mes bras, je lui tapote le dos, j'attends qu'il ait fait son*

rot, je le repose et il se rendort. Je n'arrive pas à croire à quel point c'est facile. Il dort tellement plus ! J'ai le temps de faire mes petits trucs à moi.
KELLY

Pour de nombreux parents, endormir l'enfant ne pose pas de problème, mais le garder endormi est très compliqué. Certes, les nouveau-nés ne font pas la différence entre le jour et la nuit. J'ai même constaté qu'ils se réveillent plus souvent la nuit que le jour. Je me suis un jour demandé s'il existait une corrélation entre leurs réveils de nuit et le moment où ils bougeaient in utero. J'ai demandé à un groupe de futures mamans de garder un journal des mouvements de leur bébé nuit et jour, pendant leur grossesse. Après la naissance de leur bébé, je leur ai demandé de noter précisément le rythme de sommeil de leur enfant. In utero, les bébés donnaient des coups de pied surtout la nuit, pendant que leur mère se reposait. Même si, d'après certains experts, une femme enceinte remarque davantage les mouvements de son bébé quand elle se repose et les ressent moins quand elle bouge, je pense que ces coups de pieds in utero dépendent du mouvement ou, plus précisément, de l'absence de mouvement. Quand une femme enceinte s'active, elle « berce » son bébé, ce qui le calme. Quand elle dort ou se repose, le fœtus se réveille, tout naturellement. Voilà peut-être pourquoi les nouveau-nés se réveillent plus la nuit : on pourrait dire qu'à leur naissance, ils souffrent de décalage horaire et ont besoin d'un temps d'adaptation à leurs nouveaux horaires. Ils ont besoin de leurs parents pour apprendre à faire de longues nuits et de courtes siestes pendant la journée. C'est un sacré travail !

Par ailleurs, les scientifiques ont prouvé que les cycles de sommeil des bébés sont plus courts que ceux des adultes. De plus, les bébés passent plus de temps dans un sommeil léger marqué par des mouvements oculaires et une forte activité cérébrale, probablement à cause de l'extraordinaire croissance et développement de leur cerveau. Malheureusement, il est plus facile de se réveiller dans une phase de sommeil paradoxal que dans une phase de sommeil profond. Pour réveiller un bébé, rien de plus facile. Il suffit d'un bruit, d'une couche mouillée, d'un changement de température ou d'une lumière qui s'éteint.

Entendre **èh** *ou* **èèrh** *après* **aoh**

Quand les bébés s'endorment paisiblement puis se réveillent quinze à vingt minutes plus tard, il est fort probable qu'ils ont un problème de rot. C'est fréquent s'ils s'assoupissent pendant la tétée et n'ont pu faire le rot correctement. À moins bien sûr qu'ils n'aient tendance à produire de nombreux gaz. Nous en parlerons au chapitre 5 : les nouveau-nés ne savent pas roter sans aide et une bulle d'air peut les gêner énormément.

Si vous tendez l'oreille et entendez votre bébé dire *èh*, prenez-le dans vos bras et faites-le roter, l'idéal étant de l'entendre au stade du pré-cri, avant même qu'il ne se réveille complètement et s'énerve.

Si vous intervenez à temps, en le faisant roter par-dessus votre épaule ou contre votre poitrine, cela devrait suffire. Une fois qu'il a roté, vous pouvez le remettre au lit, rapidement, sans un mot. Si vous le gardez trop longtemps pour son rot, il indiquera sa fatigue en disant *aoh* et il vous faudra de nouveau l'aider à s'endormir.

Entendre **nèh** *pendant le sommeil*

Si votre bébé se réveille à moitié, prononce un seul petit *nèh* dans son pré-cri et vous semble encore très ensommeillé, vous pouvez le rendormir avec une tétine. Cela arrive très souvent avec les bébés qui s'endorment en tétant. Ils terminent un cycle de sommeil en se réveillant un peu et cherchent par réflexe à sucer quelque chose pour se rendormir. À la naissance, ils sont trop petits et ne peuvent pas trouver la tétine dans le lit. En un tour de main, vous pouvez placer la tétine dans la bouche de votre bébé et éviter un réveil. S'il a faim, il recrachera la tétine, se réveillera complètement et vous l'entendrez dire plusieurs fois *nèh, nèh, nèh*.

Le change de nuit

Changer une couche la nuit... Tous les parents adorent, n'est-ce pas ? Quand les bébés mouillent leur couche, il arrive qu'ils se réveillent et s'énervent. Ils signalent leur inconfort avec les mots *hèh, hèhèhèh* ou *hèèr* (chapitre 9).

L'idéal, c'est de faire vite. On change sa fille, on la tranquillise d'une caresse et, si elle dit *aoh* et qu'il fait encore nuit, on la recouche. Quand on met sa couche à un garçon, il peut être utile de vérifier que son pénis soit bien positionné vers le bas. Pendant la journée, c'est moins important. Mais, la nuit, allongé sur le dos, son urine risquerait de mouiller haut de la couche et pyjama, qu'il faudrait changer aussi, ce qui prendrait plus de temps et risquerait de réveiller complètement le petit garçon. Ce n'est sans doute pas votre objectif.

5. *Èh* : j'ai besoin de roter

Quand il a envie de roter, votre bébé émet le son *èh*, produit par le réflexe d'éructation. *Èh* signifie que de l'air s'est bloqué dans la partie haute de son système digestif. Ses muscles se contractent automatiquement pour expulser l'air, produisant le son *èh*.

À quoi ressemble le mot *èh*

Tout le monde sait reconnaître un rot, partout dans le monde. Mais le rot d'un adulte diffère du son produit par un bébé cherchant à roter. *Èh* n'est pas le son d'un rot, c'est le son qu'émet un bébé s'efforçant de roter. Dans le mot *èh*, le son le plus important à reconnaître sonne comme le *è* de « ère », « Ève », « thème » ou « cyprès » : un *è* court, bref, net, très précis dès le début du son. En fin de mot, le *h* est fortement marqué, comme un souffle.

Que se passe-t-il dans le corps du bébé ? Le gaz s'accumule dans l'estomac et il ne se sent pas bien.

Les muscles de la cage thoracique se contractent pour expulser l'air. Quand un adulte a besoin de roter, il sent sa cage thoracique se comprimer et peut se croire au bord du renvoi. Notre corps adulte réagit automatiquement à cette sensation d'oppression. Nous bougeons, nous nous levons, nous nous penchons, nous retenons notre respiration ou nous buvons un verre d'eau pour faciliter le passage de l'air.

Si nous voulons retenir le rot, nous aurons probablement du mal à cacher notre inconfort, mais en général nous nous adaptons plus ou moins et bougeons la bulle d'air jusqu'à l'expulser.

Quand votre fille émet le mot *èh*, elle éprouve la même sensation que vous juste avant un rot, quand votre corps lutte pour expulser l'air.

Et si vous étiez mal installés, incapables de chasser l'air qui vous gêne? Et si vous étiez dans l'incapacité de bouger, de vous asseoir ou de vous pencher afin d'accélérer le processus? Voilà comment se sent votre bébé.

Les bébés, surtout à la naissance, ont besoin de notre aide pour faire leur rot. Ils nous la demandent en répétant le mot *èh, èh, èh* tandis qu'ils se tortillent, signe qu'ils s'efforcent de rejeter l'air par eux-mêmes.

La fabrique du mot *èh*

Pour reproduire le son *èh*, vous pouvez inspirer et remplir vos poumons d'air puis bloquer votre fond de gorge en position fermée et chercher à expulser l'air de vos poumons en maintenant votre gorge fermée. Si vous relâchez les muscles de votre gorge juste une petite seconde et laissez passer un peu d'air, vous produirez le son *èh*. Vous observerez qu'il est court, sec. Le *è*, incisif, percutant, se termine par un *h* expiré parfaitement audible.

Le processus menant à l'éructation coordonne plusieurs activités physiques complexes. Le comprendre peut vous aider à mieux voir ce qui se passe dans le corps de votre bébé. D'abord, le diaphragme s'abaisse pour augmenter la pression abdominale et diminuer la pression dans la cage thoracique, ce qui permet à l'air de passer de l'estomac à l'œsophage. Le sphincter inférieur, c'est-à-dire le muscle constricteur de la partie basse de l'œsophage, doit être ouvert afin de laisser monter l'air de l'estomac à l'œsophage. Le sphincter supérieur doit lui aussi être détendu, pour que l'air passe plus facilement de l'œsophage à la gorge. Dans le même temps, la fermeture du larynx protège les poumons de toute entrée liquide en provenance de l'œsophage et de l'estomac.

Chez les nouveau-nés, ce processus est d'autant plus ardu qu'ils ne peuvent pas bouger, s'asseoir ou se redresser d'une quelconque manière pour assister la remontée des bulles d'air. De plus, ils disposent d'un système digestif « en rodage » encore immature et apprennent tout juste à se nourrir. Souvent, ils avalent de l'air en mangeant, en suçant leur tétine ou en pleurant, tout simplement parce qu'ils apprennent à coordonner leur corps.

L'absorption d'air est plus fréquente qu'on ne le croit. Les adultes en absorbent souvent, mais ils le libèrent facilement, automatiquement. En fait, nous rotons toute la journée, surtout si nous buvons des boissons gazeuses, mangeons certains aliments qui provoquent des gaz ou traversons cette phase de la vie où roter impressionne nos copains. Nous contrôlons l'ajustement de nos corps à la présence de bulles d'air et nous en débarrassons sans difficulté. Pas les bébés. Ils ont besoin de nous pour les chasser.

Entendre *èh*

Dans la phase du pré-cri, quand votre bébé s'efforce de libérer l'air emprisonné et de produire un rot, vous entendrez *èh, èh, èh*. Plus son inconfort augmente, plus le son s'allonge en un *èèèèhhhhh*. Vous remarquerez aussi que la commissure de ses lèvres s'étire vers le haut et que sa bouche ne fait que s'entrouvrir.

C'est le bon moment de prendre votre fille (ou votre garçon) dans vos bras et de l'aider à faire son rot selon l'une des méthodes proposées au chapitre 6. Plus le mot *èh* est court, plus il est facile de répondre à son besoin. Si vous entendez clairement *èh, èh, èh*, prenez-la tout simplement dans vos bras, tapotez son dos et voilà ! Problème résolu.

Plus le son s'allonge, comme un *èèèhhh*, plus il faudra l'aider à se débarrasser de l'air coincé. Il existe plusieurs façons de faire roter un nourrisson, plusieurs méthodes sont décrites plus loin. Le moment où vous entendrez le mot *èh* peut vous aider à déterminer le type de technique à adopter. Si *èh* apparaît juste après avoir nourri votre fille, vous chercherez à éviter qu'elle régurgite son repas en rotant. Dans ce cas, vous pouvez choisir une méthode douce et lente, en la redressant, par exemple. Si *èh* se manifeste une heure après un repas, la porter sur l'épaule en lui frottant le dos de haut en bas sera probablement la technique la plus efficace.

Comment savoir après un rot s'il reste de l'air emprisonné quelque part ou si votre bébé l'a complètement expulsé ? S'il a terminé son rot, il cessera de dire *èh*. Parfois, vous ne l'entendrez pas vraiment roter, mais vous sentirez son corps se détendre, signe que l'accumulation d'air dans son estomac s'est dispersée.

6. Solutions pour *èh*

Dans les pleurs de votre bébé, le mot *èh* signale son besoin de roter. Ce son, produit par les réflexes de l'estomac et de l'œsophage, signale qu'une bulle d'air est coincée et doit être expulsée. Avec leur mobilité réduite, les bébés ne peuvent pas se soulager seuls, ils ont besoin d'aide. Plus ils accumulent de bulles d'air, plus c'est désagréable et plus ils s'agitent !

Dès que vous entendez votre bébé dire *èh*, vous pouvez l'aider immédiatement à roter. Vous ne pouvez pas savoir combien de parents m'ont dit que depuis qu'ils savaient quand faire faire le rot, leur nourrisson se nourrissait mieux, dormait mieux et passait des journées plus détendues. Souvent, la relation entre le bébé et ses parents en est entièrement transformée.

bé n'est pas un petit râleur… uste besoin de roter !

ıis que nous faisons faire le rot à Jake dès que nous l'entendons dire èh, *il va tellement mieux ! C'est tellement simple, quand on sait ce qui ne va pas. Maintenant, quand je le mets au lit, je sais que je risque d'avoir à le reprendre dans mes bras pour le faire roter avant qu'il ne s'endorme. Quand il joue sur son tapis d'éveil et se met tout à coup à pleurer, c'est souvent un pleur de* èh. *Je le prends dans mes bras, je le porte à la verticale pendant un moment, en lui tapotant le dos. Après, je le repose sur son tapis et il se remet à jouer tranquillement. Avant, je ne connaissais pas les différents pleurs et je croyais que c'était un petit râleur. Ce n'est pas vrai, il fait juste plus de rots que la moyenne.*

SHARON

Dès que vous entendez le mot *èh*, même si vous vous préparez à donner la tétée à votre enfant, il est particulièrement important de l'aider à roter, surtout s'il rote beaucoup, a souvent des coliques ou des problèmes de reflux. Pour ces bébés, voici une petite astuce pour une vie plus tranquille : vous pouvez prendre l'habitude de faire roter votre bébé dès que vous le prenez dans vos bras. De manière générale, pensez à augmenter le temps qu'il passe en position verticale, dans un porte-bébé ou une écharpe de portage. Quand j'ai étudié les pleurs des bébés dans différentes cultures, j'ai été frappée par le fait que les cas de colique et de reflux chutent significativement dans les cultures où les mères attachent leur bébé à la verticale, contre leur corps. J'ai le sentiment que notre mode occidentale des poussettes et landaus provoque davantage de gaz chez les bébés. À Bali, par exemple, les parents ne laissent pas les pieds de leurs bébés toucher le sol tant qu'ils n'ont pas six mois. Jusqu'à cet âge, la famille se relaie et chacun porte le bébé tour à tour, dans des écharpes ou dans les bras. De retour chez moi, j'ai observé des améliorations radicales quand les parents utilisaient des écharpes de portage avec un bébé que les gaz font souffrir. Nous reparlerons des techniques disponibles plus tard dans ce chapitre.

J'ai aussi remarqué que, lorsqu'ils apprennent le langage des bébés, les parents mettent plusieurs jours à prendre pleinement conscience du mot *èh* et à agir en conséquence : faire roter son bébé, le garder en position verticale le plus souvent possible. Une fois cette prise de conscience acquise, les voies digestives du bébé semblent se libérer et les parents intègrent *èh* et ses solutions dans une routine plus souple.

Résoudre *èh* : techniques pour le rot

Voici plusieurs façons de libérer les bulles d'air qui provoquent les *èh* de votre bébé. N'hésitez pas à mettre en pratique chacune de ces propositions et à vous laisser guider par votre expérience et votre bébé. Avec le temps, vous développerez une routine du rot spécifique, un automatisme qui aidera votre bébé à se délivrer de ses bulles d'air.

Contre la poitrine

Souvent, pour le rot, il suffit de prendre le bébé dans les bras et de le tenir à la verticale, contre soi. On peut aussi lui tapoter ou lui frotter le dos de bas en haut. Quelques astuces :

- Caler les fesses du bébé sur l'avant-bras.
- Laisser le bébé blottir sa tête contre votre épaule.
- Tapoter doucement son dos. Sachant que du lait peut remonter, prévoir un linge sur l'épaule.
- Rester debout ou marcher avec le bébé dans cette position. Debout, on peut le bercer d'avant en arrière, un pied devant l'autre.

Si le bébé a tété depuis au moins une heure ou plus, d'autres options s'ouvrent à vous.

Dressé droit sur votre genou

Cette méthode est parfaite pour un très jeune nouveau-né ou si le bébé régurgite souvent après la tétée (les autres méthodes, notamment par-dessus l'épaule, peuvent faire vomir ces bébés). Elle convient aussi aux parents qui ne se sentent pas encore à l'aise quand ils tiennent un nouveau-né par-dessus leur épaule.

- Tenir le bébé assis sur un de nos genoux, de profil par rapport à soi.

- Il est important de tenir la tête du bébé : poser la main dominante sur son torse et empêcher sa tête de tomber en avant en la maintenant entre le pouce et l'index.

- Ensuite, frotter ou tapoter le dos du bébé. De nombreux parents trouvent plus efficace d'ajouter un mouvement de bas en haut, d'autres préfèrent juste tapoter.

En bascule

- Tenir le bébé en position assise sur le genou, de profil par rapport à soi.

- Empêcher la tête du bébé de tomber en avant en posant notre main dominante sur sa poitrine et en retenant sa tête entre le pouce et l'index.

- Tout doucement, pencher le bébé vers l'avant. Son corps se plie tandis que sa tête est toujours maintenue, comme indiqué précédemment.

- Toujours aussi doucement, le basculer vers l'arrière, jusqu'à l'allonger sur nos genoux, une main soutenant son dos.

- L'autre main maintient sa tête entre le pouce et l'index.

- Ce mouvement doit être réalisé très lentement, la tête du bébé constamment maintenue sous le menton.

En rotation

Cette technique exploite le propre poids du bébé pour lui comprimer le ventre et libérer l'air emprisonné.

- Asseoir le bébé sur un de nos genoux, son dos contre notre ventre. Son corps prend appui sur le nôtre, dans une posture un peu recroquevillée. On peut le soutenir d'une main posée sur son torse.

- Poser l'autre main sous le menton du bébé pour maintenir sa nuque et sa tête.

- De tout notre corps, pivoter doucement à droite en se penchant vers l'arrière, puis se pencher en avant en pivotant à gauche et revenir à la position initiale. S'assurer pendant le mouvement que le corps du bébé reste collé au nôtre. On pivote ensemble.

- Cette rotation, associée au poids de l'estomac du bébé et à sa position verticale, expulse l'air à tous les coups, en douceur. Si on effectue ce mouvement juste après une tétée, mieux vaut avoir un linge sous la main. Vous pouvez le coincer dans la paume de la main qui soutient la nuque et le menton du bébé ou le préparer sur une table à vos côtés.

Avec un bébé plus âgé, on peut effectuer la rotation sur un genou sans pivoter de tout son propre corps :

- Asseoir le bébé sur notre genou, dans la même position décrite ci-dessus.

- Soutenir son menton avec la paume d'une main.

- Pencher le bébé en avant un petit peu.

- Délicatement, faire pivoter son corps dans le sens inverse des aiguilles d'une montre, lentement.

- Au bout d'une minute, changer de sens.

Changer de technique à la volée

On obtient de très bons résultats en combinant toutes les méthodes présentées. On s'assure juste de passer en douceur d'une technique à l'autre, calmement, lentement, jusqu'à l'expulsion de l'air coincé. Par exemple :

- Prendre le bébé dans les bras et marcher dans la pièce en le tenant contre notre poitrine tout en lui tapotant le dos. Puis…
- S'asseoir et l'installer assis sur notre genou, en lui tenant le torse et la tête puis lui frotter le dos de bas en haut. Puis…
- Bébé toujours assis sur notre genou, le pencher en avant puis en arrière plusieurs fois, en s'assurant de garder notre main sous le menton en soutien de sa tête et sa nuque. Puis…
- Lui tapoter le dos encore un peu et enchaîner avec quelques mouvements de rotation. Puis…
- L'installer contre notre épaule et lui tapoter le dos de la paume de la main.

Avec une tétine

Avec les rots récalcitrants, parfois, la tétine peut aider. Elle sera d'autant plus efficace si on tient le bébé contre la poitrine ou sur l'épaule (voir « *èh* au réveil» page 163). Si cela ne suffit pas à expulser l'air, votre bébé recrachera la tétine et répétera *èh*. À partir de ce moment, je vous suggère de mettre en place les solutions pour le mot *èèrh* (j'ai des gaz dans le bas-ventre, chapitre 8).

Bébé en écharpe

Un bébé porté en écharpe est maintenu en position verticale, au chaud et en sécurité. Non seulement il sent la proximité et l'affection de celui qui le porte, mais il est moins sujet à l'accumulation de gaz: il bouge toute la journée en position verticale. À Bali, les écharpes ne sont rien de plus qu'un morceau de coton de couleur vive, attaché devant ou derrière. Là-bas, les femmes les portent pour se libérer les mains dans les champs ou parce qu'elles s'occupent simultanément d'une ribambelle d'enfants de tous âges. De nombreuses marques commercialisent différents modèles d'écharpes de portage, mais vous pouvez aussi vous en fabriquer une vous-même:

- Plier un grand sarong en deux.
- Le poser dans le sens de la longueur sur une épaule.
- D'une main, en chercher l'extrémité qui pend dans le dos et la ramener devant.

- L'attacher solidement à l'extrémité du devant.
- Placer le bébé dans la poche ainsi créée.

Calmer les pleurs du soir : *èh* ou *nèh* ?

Comment je me suis débarrassée des pleurs du soir

Si vous avez des enfants, vous avez fait l'expérience des « pleurs du soir ». Certains parents appellent ce moment « l'heure fatale ». Une de mes amies l'appelle « l'heure-poison ». Tous les soirs, vers 18 heures, les bébés sont fatigués, irritables (leurs parents aussi d'ailleurs) et pleurent. Jeune maman, mes amies m'en avaient tellement parlé que je trouvais cela normal. Quand mes nièces étaient bébés, je passais souvent chez ma sœur précisément à cette heure-là et je leur donnais le bain. J'offrais ainsi un moment de répit à leur mère.
Quand mon fils Toby est né, lui aussi a traversé une période où il pleurait beaucoup le soir. Jusqu'au jour où j'ai appris à faire la différence, entre nèh *et* èh. *Jusque-là, je ne lui faisais pas faire son rot du tout, sauf quand il venait de boire. Et puis je croyais, chaque fois qu'il pleurait, que cela signifiait qu'il avait faim. L'accumulation de gaz dans son corps provoquait des fins de journée très désagréables pour lui. Dès que j'ai commencé à le nourrir*

> *quand il disait* nèh, *à le faire roter quand il disait* èh, *les pleurs du soir se sont estompés, puis ont disparu totalement !*
>
> *FANNY*

L'horaire exact des pleurs du soir peut varier. Mais pour certains enfants, il semble qu'il y ait vraiment un moment précis de la journée où ils se sentent particulièrement mal. En faisant roter plus régulièrement les bébés, en s'assurant qu'ils n'ont pas de bulle d'air coincée avant de les nourrir, on peut réduire ces pleurs. C'est là que distinguer *èh* et *nèh* fait toute la différence.

Imaginez un long cylindre, assez fin. Maintenant, en pensée, remplissez-le aux trois quarts d'un liquide et ajoutez une bulle d'air au-dessus. Imaginez ensuite que vous recommencez à remplir ce cylindre. Il faudra bien que la bulle d'air sorte, d'une manière ou d'une autre. À ma connaissance, elle ne peut être chassée que de trois façons :

1. En se faufilant vers le haut, par un rot.
2. Par une régurgitation, expulsée avec du lait.
3. Agglutinée à d'autres bulles qui sortiront soit en rots, soit, dans l'autre sens, en gaz intestinaux, c'est-à-dire en pets.

Si votre bébé fait des gaz, la première option est la plus simple. Elle aide aussi à diminuer ou à empêcher les pleurs du soir. C'est pourquoi il est important de faire roter son bébé chaque fois qu'il dit *èh*, que vous l'entendiez avant de le nourrir ou après, avant sa sieste ou une heure après sa sieste. Écoutez votre enfant et efforcez-vous de le faire roter chaque fois qu'il pleure *èh*. J'ai reçu de nombreuses lettres de parents qui me racontent à quel point ils ont calmé les pleurs du soir depuis qu'ils font roter leur bébé « à la demande » et le nourrissent aussi « à la demande », en fonction de ses pleurs.

Prévenir les *èh* avec des postures faciles

Si votre bébé fait beaucoup de rots, tenez-le le plus possible à la verticale, sinon, vous risquez de passer votre journée à répondre à ses *èh*. Un bébé allongé dans un landau tout l'après-midi accumulera à coup sûr des bulles d'air. En fin d'après-midi ou en début de soirée, au moment précis où vous aimeriez bien vous détendre, il exprimera son inconfort avec vigueur.

Si vous êtes vraiment fatiguée ou inquiète à l'idée de risquer de faire tomber votre enfant, voici quelques idées faciles à réaliser pour le maintenir à la verticale. Surélever le matelas de son lit au niveau de la tête et du torse du bébé, afin de l'amener vers une position plus assise. Ou alors, porter l'enfant dans une écharpe pendant les tâches ménagères. Lui caler le dos avec un coussin pendant nos temps de jeux ou d'échanges. Si on s'assoit pour se reposer, choisir une chaise confortable et installer l'enfant fesses posées sur nos genoux puis le bercer au creux d'un bras.

Les différents problèmes de tétées exprimés dans *èh* ou *nèh*

Il arrive que les parents nourrissent leur enfant alors qu'il a vraiment besoin de roter. C'est l'erreur la plus courante. Environ 70 % des parents que j'ai rencontrés dans mes recherches se trompaient ainsi. Si cela vous est arrivé, vous n'êtes pas seul. Vous seriez surpris de voir combien cet unique défi peut résoudre de problèmes d'alimentation du nouveau-né.

Peu importe que l'enfant soit nourri au biberon ou au sein. Dans les deux cas, s'il boit alors qu'il a dit *èh*, les problèmes sont identiques. Souvent, si le bébé refuse de prendre le sein ou la tétine, il signale en fait qu'il a besoin de roter. Quand il bouge sa bouche d'un côté à l'autre de la tétine et ne la prend pas en bouche, vous pouvez l'asseoir et écouter ses pleurs. Peut-être dit-il *èh* et non *nèh*. Cela ne veut pas dire qu'il ne voudra pas manger. Il a juste besoin, avant toute autre chose, que vous l'aidiez à expulser la bulle d'air.

Les gens sont toujours surpris de constater l'impact d'un geste tout simple : faire roter son bébé avant de le nourrir. Le bébé se nourrit mieux et plus longtemps. C'est complètement naturel, en fait. Rappelez-vous la dernière fois que vous avez bu un verre de soda. Aviez-vous faim juste après ? Sûrement pas, puisque vous aviez l'estomac rempli du gaz du soda. À moins, bien sûr, que vous l'ayez renvoyé, dans un rot. Auquel cas, vous aviez de nouveau de la place pour manger quelque chose. Sinon, vous avez de grandes chances d'avoir faim une heure plus tard environ. C'est pareil avec votre bébé. Pour éviter d'avoir à le nourrir toutes les deux heures, mieux vaut vérifier que son ventre est bien vide avant de lui donner le biberon ou le sein. Vous verrez, ça change tout !

èh *pendant une tétée ou tout de suite après*

Pendant une tétée ou juste après, si votre bébé dit *èh*, vous pouvez utiliser l'une des méthodes les plus simples et les plus directes pour le faire roter en position verticale. Vous éviterez ainsi qu'il ne rejette le lait qu'il vient d'absorber avec l'air. Par exemple, tenir bébé sur un genou et lui frotter le dos. C'est une posture très utilisée, dont il existe plusieurs variantes (voir « Prévenir les *èh* avec des postures faciles », page 158). N'hésitez pas à expérimenter plusieurs positions avant de trouver celle qui convient à vous et à votre enfant. Il peut être utile d'en connaître plusieurs, à utiliser à différents moments ou en les combinant, en fonction de leur efficacité.

èh *entre les repas*

Si votre bébé dit *èh* entre ses tétées, dans un temps calme, le plus souvent il suffit que vous le preniez dans vos bras et il expulsera la bulle d'air. Instinctivement, vous tapoterez ou frotterez son dos tout en marchant. Le mouvement de la marche aide, lui aussi. Votre bébé ne fera pas nécessairement un magnifique et prolifique rot ou un chapelet de petits relâchements de bulles d'air. Tout simplement, s'il arrête de dire *èh, èh, èh*, vous avez répondu à son besoin. S'il dit souvent *èh* entre les repas, vous pouvez envisager de changer son mode de vie et le rendre plus vertical, en le portant davantage ou en surélevant son buste et sa tête quand il est allongé (pour des astuces sur le couchage et le redressement, voir «*Èh* et le sommeil de votre bébé», ci-après).

Èh et le sommeil de votre bébé

Nous connaissons tous des bébés qui s'endorment plus facilement et dorment mieux dans leur siège auto. Confortablement installés, bien au chaud, redressés, bercés par les mouvements de la voiture, ils font d'excellentes siestes. Certes, mais il n'est pas recommandé de laisser un nouveau-né trop longtemps dans un siège auto, car cela risque de nuire au développement de sa colonne vertébrale.

Si votre bébé semble plus heureux dans un siège auto, c'est un signe qu'il a besoin de faire plus de rots, d'être porté à la verticale et de dormir en position plus inclinée, tête surélevée. Dans mes recherches, j'ai observé que les bébés qui préfèrent dormir redressés font plus de gaz que les autres. Dès que leurs parents réagissent à leurs *èh*, les portent à la verticale ou surélèvent leur tête quand ils dorment, ces bébés vont nettement mieux.

Porter un bébé qui dit **èh** *dans une écharpe*

Porter en écharpe les bébés qui disent souvent *èh* est très bénéfique pour eux. En les redressant contre votre poitrine, l'écharpe laisse le poids de l'estomac du bébé faire le travail d'expulsion de l'air. Comme si vous gardiez votre bébé continuellement dans une posture pour l'aider à roter. De plus, quand vous le portez en écharpe, comment arrêter de lui caresser le dos !

Redresser le lit d'un bébé qui dit **èh**

Si votre bébé préfère dormir assis, vous aiderez tout le monde à passer de meilleures nuits en surélevant son lit du côté de la tête. Mais attention à utiliser des cales sous les pieds du lit pour surélever la tête de lit plutôt qu'à lever un bout du matelas à l'intérieur du berceau. Sinon, le bébé risque de glisser et de se coincer dans une position dangereuse.

Border un drap autour de son ventre

Quand un bébé souffre de nombreux gaz, on peut le border d'un drap sur le ventre quand on le couche. On laisse les bras et les jambes du bébé libres, mais le drap est arrimé de chaque côté du ventre et bordé sous le matelas. Le ventre est ainsi fermement tenu. Ce geste tout simple réduit le nombre de réveils dus au réflexe de défense et apaise les douleurs abdominales du bébé, tout en le laissant gigoter pour chasser la bulle d'air.

Èh *au réveil*

Quand un bébé se réveille fréquemment en pleurs juste après s'être endormi, certains parents pensent qu'il a faim ou n'a pas sommeil. Ce n'est pas le cas. Il signale probablement son besoin de roter : *èh, èh, èh*.

Bonne nouvelle, il est facile de le débarrasser des bulles d'air qui le dérangent, surtout si on agit rapidement. On le prend dans les bras et, positionné contre le haut de notre épaule, son corps épousant la courbe de notre épaule, on le tient solidement puis on tapote son dos vers le haut. Cela devrait suffire à le soulager de l'air coincé. On le recouche ensuite. Plus vite on agit, plus vite il se rendort pour la nuit comme pour la sieste.

Ainsi, le bébé dort suffisamment et adopte de bonnes habitudes de sommeil. Quand il sera plus grand, il saura bouger son corps, libérer l'air coincé puis se rendormir tout seul.

Davantage de rots c'est davantage de sommeil

Avant, quand Auguste se réveillait en pleurant de sa sieste, je le prenais dans mes bras, lui changeais sa couche et recommençais toute la routine d'endormissement. Souvent, il ne se rendormait pas, c'en était fini de sa sieste et il devenait de plus en plus grognon au fil de la journée. Maintenant, si j'entends èh *dans ses pleurs, je sais qu'il a juste besoin de faire un rot. Après, il se rendort sans chichi. Je n'arrive pas à croire à quel point c'est simple. Un petit rot et il se rendort. Il dort mieux et j'ai davantage de temps pour moi.*

FRANCINE

« Chasser le vent »

J'ai eu la chance de vivre un temps en Thaïlande où j'ai étudié le style parental thaïlandais et les sons des bébés thaïlandais. Là-bas, roter se dit littéralement « chasser le vent ». J'aime qu'un acte aussi prosaïque se décrive en termes quasi poétiques et j'en ai fait le symbole de l'approche à la fois bienveillante et pratique des parents thaïlandais. Les mamans et les papas thaïlandais ne font pas roter leur bébé, ils lui « chassent le vent ». En repérant chaque *èh* de votre nouveau-né et en lui « chassant le vent », vous l'apaisez. Cela peut vous sembler trivial, parce que le rot est un acte tellement banal, mais « chasser le vent » de votre enfant est aussi une belle manifestation de l'amour dont il a besoin pour grandir.

II.

LES MOTS À SIX SEMAINES

À ce stade, vous maîtrisez les trois mots des nouveau-nés, *nèh* (j'ai faim), *aoh* (j'ai sommeil) et *èh* (j'ai besoin de roter). Vous êtes prêts à apprendre les suivants. Votre bébé les prononcera quand il aura environ six semaines. Au-delà des impératifs de base adressés par *nèh*, *aoh* et *èh*, ces nouveaux mots vous aideront à satisfaire deux autres besoins de votre enfant : « j'ai des gaz dans l'abdomen » et « je suis inconfortable » (j'ai trop chaud ou j'ai trop froid ou j'ai la peau irritée).

Ces besoins s'expriment avec deux mots, *èèrh* et *hèh*. *Hèh* se décline en différentes versions d'une subtilité complexe, en fonction de variations sonores courantes faciles à identifier. Mais vous découvrirez rapidement que *èèrh* et *hèh* suffisent à décoder la demande d'aide de votre bébé.

Quand on sait décoder les pleurs de son bébé et répondre à ses appels, on devient des parents experts en parentage « à la demande ». À mon sens, avec les bébés de moins de vingt mois, c'est la meilleure approche. À cet âge, ils sont trop petits, trop vulnérables ; leur corps immature ne peut attendre d'être nourri et se plier à notre rythme.

Vous êtes déjà familiarisé avec une partie de l'information résumée dans cette section. Mais d'autres personnes de confiance commencent peut-être à prendre soin de votre bébé et ces points peuvent leur être utiles.

7. *Èèrh:* j'ai des gaz dans l'abdomen

Si votre fille (ou votre garçon) a des gaz dans l'abdomen, elle prononcera le mot *èèrh*. Son corps vous parlera, lui aussi, par sa rigidité, des mouvements saccadés, un menton levé.

L'origine du mot *èèrh* s'explique par le réflexe de contraction des muscles abdominaux du système digestif du fait de la présence de gaz emprisonné dans le gros intestin. Pour expulser le gaz coincé, les muscles du gros intestin se contractent, ce qui provoque des crampes douloureuses.

À l'oreille, *èèrh* ressemble au bruit que nous produisons lorsque nous sommes un peu constipés et n'arrivons pas à produire nos selles. Expulser les gaz coincés dans l'abdomen et aller à la selle sont des processus physiques très similaires, avec la même sensation d'urgence et d'inconfort. Le son produit n'est toutefois pas identique, car chasser les gaz de l'abdomen fait travailler plus de muscles dans l'estomac et tend le diaphragme vers le haut.

Les bébés ont du gaz dans les intestins pour deux raisons. La cause la plus fréquente est l'ingestion d'air par la bouche ou le nez en buvant voire en avalant leur salive. Les bébés faisant du reflux ou ayant des rejets peuvent avoir beaucoup de salive en excès. L'autre cause est digestive. Les gaz sont des sous-produits de la digestion ou liés à une digestion incomplète. Certains laits maternisés peuvent provoquer des gaz. Ainsi que le lait maternel, selon ce que la mère aura mangé.

De nombreux autres facteurs interviennent dans la production de gaz intestinaux : prise en bouche du sein, vitesse de débit du lait (au sein comme au biberon), position du biberon, insuffisance de rots, ou trop de temps passé allongé.

Malheureusement, quand vous détecterez *èèrh* dans les pleurs de votre enfant, il sera déjà très agité. Or, quand un bébé souffre ou est en détresse, il avale encore plus d'air, renforçant le problème à l'origine de ses *èèrh*. Il est donc important d'agir rapidement dès l'instant où vous entendez ce mot, tout en vous efforçant par ailleurs d'aider votre enfant à ne pas avoir à le dire ! Les bébés peuvent s'égosiller sur ce mot pendant des heures, mais s'il est détecté en amont, le problème exprimé se règle aussi aisément que la faim ou la fatigue.

À quoi ressemble le mot *èèrh*

Le mot *èèrh* sonne comme un long *è* suivi d'une expiration que je transcris par *rh*. Il est au *èh* (j'ai besoin de roter) ce que la contrebasse est au violon. Alors que *èh* ne sonne que dans la partie haute de la cage thoracique, tel un violon, *èèrh* sonne dans le bas du ventre et sollicite toute la caisse de résonance du torse, telle une contrebasse. Pour reproduire ce son, on sort le ventre le plus possible, on expulse l'air présent dans les poumons en exerçant une pression vers le bas de l'abdomen, aussi bas que possible. Puis, sans reprendre son souffle, on expulse ce qui reste d'air avec force, en une dernière poussée. C'est à ce moment-là que vous produirez le son *èrrrrrhhhhhh*. Le *è* et le *r* viennent de la poussée ferme exercée sur les muscles de l'estomac. Le son *hhh* est émis à l'expiration de l'air, à la fin du mot. Plus votre bébé crie sa détresse, plus vous entendrez le *r* dans son cri. Contrairement au son *èh*, court, franc et tonique, signalant le besoin de roter, le son *èèrh* est tenu, prolongé.

La fabrique du mot *èèrh*

Si vous observez le visage de votre enfant pendant qu'il pleure le mot *èèrh*, vous remarquerez que sa bouche est à moitié ouverte, que sa langue est retenue en arrière. Sa détresse, sa difficulté, vous sautera aux yeux. Si vous lui palpez le ventre à ce moment précis, vous le trouverez bien dur. De manière générale, le corps entier de votre enfant vous semblera plus rigide que la normale.

Entendre le mot *èèrh*

Les pleurs *èèrh* peuvent se transformer en rugissements furieux et rapides. La fréquence des pleurs, la longueur de chacun des sons *è r* et *h* et d'autres signes physiologiques faciles à examiner, vous aideront à décider quoi faire. Si votre bébé prononce le mot *èèrh* régulièrement, que vous en identifiez les sons clairement, non brouillés par d'autres pleurs, alors il ressent probablement un niveau de faible ballonnement dans l'abdomen. Son ventre est encore mou, tendre au toucher, sa tête se tient normalement. Son cri traduit un inconfort généralisé que vous pouvez apaiser grâce aux postures expliquées plus loin, au chapitre 8.

Si le cri s'allonge en un long *è-è-è-è-rrrrrrrrrrhhhh*, avec un *r* plus évident, alors vous remarquerez que le ventre de votre bébé se durcit. L'enfant commence à lever le menton, sa bouche est grande ouverte, langue reculée. À ce niveau de détresse, la puissance du cri et sa vigueur vous mettent physiquement mal à l'aise. Si cela se produit, il vaut mieux prendre patience, car ce type de pleurs prend du temps à calmer.

Pour tous les parents, *èèrh* est un des mots les plus difficiles à gérer, notamment parce qu'aider un bébé qui a des crampes au ventre demande une grande patience. On nourrit un bébé quand il dit *nèh*. On met au lit celui qui dit *aoh*. On peut faire roter celui qui dit *èh*. Mais un bébé qui pleure *èèrh* ne peut être apaisé que par le massage, jusqu'à ce que le gaz soit expulsé et que les crampes disparaissent. Il faut du temps. Les pleurs peuvent durer un long moment, rendant l'expérience frustrante et fatigante, surtout en pleine nuit, alors que vous manquez déjà de sommeil. Cependant, tant que vous entendez le mot *èèrh*, si vous aidez votre bébé à expulser l'air de son système digestif, alors vous pouvez être sûr d'une chose : vous êtes sur le bon chemin.

8. Les solutions pour *èèrh*

Comprendre enfin, quel soulagement !

J'aurais dû savoir que ma fille serait sujette aux ballonnements et gaz divers, parce que c'est mon cas ! Mais je n'ai pas compris tout de suite ce qu'elle avait. Au début, elle se nourrissait bien, elle dormait bien, mais quand elle a eu environ cinq semaines, elle a commencé à aller moins bien. Elle ne dormait quasiment plus et était toujours de mauvaise humeur. Elle donnait l'impression de vouloir manger, puis elle refusait ce que je lui donnais. Les bébés qui ont des crampes à l'abdomen sont censés se recroqueviller en boule, serrer les poings. Mais elle ne faisait rien de tout ça. Un jour, je l'ai entendue dire èèrh *et j'ai compris. J'en ai eu des frissons dans le dos. La lumière s'est faite : enfin, je savais ce qui la dérangeait.*

CATHERINE

Si vous entendez *èèrh* dans les pleurs de votre bébé, il souffre de crampes dans l'abdomen dues à la présence de gaz dans son intestin. Les muscles s'efforcent d'expulser cet air par l'anus en se contractant, ce qui provoque à la fois les crampes et le mot *èèrh*. Vous remarquez alors au toucher la dureté du ventre de votre bébé et vous observez la rigidité de son corps. Dès que les gaz sont expulsés ou déplacés, le corps se détend et le bébé cesse de pleurer. *Èèrh* est plus fréquent en fin de journée, pendant les pleurs du soir, période d'inconfort et de cris due à l'accumulation d'air et de gaz au fil de la journée. Les pleurs du soir peuvent aussi se déclencher à cause d'une colique, une intolérance au lactose, une allergie à certains aliments ou une simple immobilité.

Réagir rapidement au mot *èèrh* est particulièrement important parce qu'au moment où vous l'entendez, votre bébé souffre probablement déjà. Heureusement, il existe plusieurs solutions.

Dans une de mes nombreuses expérimentations sur le langage des bébés, j'ai vu, en un seul week-end, quarante mères et quarante bébés en pleurs, toute la journée, tout le week-end. Pas évident ! Ce week-end m'a profondément marquée, parce que toutes les mères se heurtaient au même écueil : presque tous les bébés souffraient de problèmes de rot ou de ballonnements intestinaux ! Or les mères ne parvenaient à identifier ces problèmes que lorsque leur bébé en pleurs manifestait des signes physiques de sa douleur abdominale, en relevant ses jambes et en serrant les poings. Sinon, elles n'y pensaient pas. Puis, une fois qu'elles avaient délivré leur bébé des bulles coincées, elles oubliaient de nouveau les problèmes de gaz dans le système digestif. En fait, le système digestif d'un bébé peut emprisonner des gaz à tout moment, constamment. Il est fondamental de rester attentif au mot *èèrh*.

Bébé par-dessus l'épaule

Voici une posture très efficace qui soulage les problèmes de *èèrh*.

- Le parent est debout et positionne le bébé en haut de son épaule, ventre à cheval sur la clavicule, en le tenant fermement.

- Le bébé solidement tenu, effectuer une rotation de l'épaule de manière à ce qu'elle masse doucement le ventre du bébé. Le poids du corps de l'enfant associé aux mouvements de l'épaule du parent participe à l'expulsion des gaz. Au début, le corps du bébé est très rigide, puis il épouse la courbure de l'épaule au fur et à mesure que la douleur diminue. Il est possible que vous entendiez alors votre bébé grogner de contentement, surtout si vous lui frottez ou lui tapotez le bas du dos en même temps que votre épaule le masse.

- En cas de détresse très importante d'un nourrisson, on peut marcher ou piétiner en maintenant cette posture. Le mouvement apaise parfois. Si vos bras fatiguent, vous pouvez positionner le bébé plus haut sur l'épaule et soulager vos bras. Ainsi, votre épaule supporte le poids du bébé. Vous pouvez aussi changer de posture.

Bébé en ballon de rugby

Cette posture convient parfaitement aux papas, notamment du fait de leurs avant-bras plus costauds.

- On allonge le bébé sur le ventre, à cheval sur un avant-bras, la tête contre le creux du coude, les jambes de chaque côté de la main. La main peut attraper le bébé sous les fesses, tel un crochet, pour sécuriser la prise. Le poids du bébé pousse son ventre sur le bras tandis que notre chaleur apaise les crampes.

- De l'autre main, on peut frotter ou tapoter le dos du bébé ou soutenir l'autre bras, par en dessous. Cette posture est aussi efficace en marchant, car le mouvement renforce la poussée du bras dans le ventre du bébé et l'apaise. On peut aussi inverser la position du bébé, en plaçant sa tête non pas du côté du coude, mais du côté de la main. La main forme une coupe qui soutient la tête.

Bébé fait du vélo

Poser le bébé dos sur les genoux du parent, et mobiliser doucement ses jambes comme pour le faire pédaler. On étire ainsi les muscles de son ventre et on met en mouvement ses « entrailles » de manière à déplacer la bulle de gaz vers un endroit moins douloureux.

Bébé découvre le yoga

Quand votre bébé pleure *èèrh,* il a tendance à relever ses jambes sur le ventre.

- Placer le bébé sur le dos, sur nos genoux, face à nous.

- Poser une main sur son ventre. De l'autre tendre une de ses jambes doucement, tenir la posture quelques secondes, puis, jambe pliée, la pousser délicatement vers le ventre. Répéter le mouvement trois fois puis changer de jambe.

- Recommencer le mouvement les deux jambes ensemble.

Bébé par-dessus le genou

Voici ma posture préférée, notamment parce qu'elle permet aux parents de « débrancher », surtout s'ils se sentent stressés par les pleurs de leur bébé. À mon avis, les gens sous-estiment le stress généré par les cris d'un bébé, quand il nous réveille la nuit alors que nous sommes déjà en déficit chronique de sommeil. Cette posture est un cadeau du ciel parce qu'elle nous laisse regarder la télévision ou lire un livre tout en soulageant notre tout-petit. Même si votre enfant ne pleure pas beaucoup, vous apprécierez la rapidité et l'efficacité de cette technique d'apaisement. Attention, il vaut mieux ne pas la mettre en œuvre juste après une tétée, sur un estomac plein.

- S'installer confortablement et croiser une jambe sur l'autre. Positionner le bébé sur la cuisse, visage vers le sol, estomac sur le genou, perpendiculaire à soi. Au début, son corps est assez rigide.

- Les jambes du parent se balancent de gauche à droite pour générer un bercement lent et régulier, tout en maintenant le bébé d'une main posée sur son dos. Le rythme calme le bébé comme le parent ! Vous pouvez lui frotter le dos ou simplement laisser la chaleur de votre main l'apaiser.

- S'il montre une grande détresse, vous pouvez aussi le faire basculer par-dessus votre jambe croisée, d'avant en arrière, très doucement, en tout petits mouvements. Les jambes sont immobiles, tout le corps du bébé bouge et son ventre est massé par le frottement sur votre genou.

Sur le ventre

- Étaler une serviette de bain sur une surface plane et allonger le bébé dessus, visage face au sol, estomac sur la serviette. Lui attraper le bassin des deux mains et lui masser le bas du dos avec les pouces, en petits demi-cercles. On peut utiliser de l'huile végétale pour réduire le frottement et faciliter le mouvement. L'huile participe au maintien de la chaleur corporelle du bébé dans la zone massée.

- Attention, on ne laisse jamais son bébé seul dans cette position. Surtout, s'il s'endort, on ne le laisse pas dormir sur le ventre, même si c'est la seule position qui l'apaise.

Le bain chaud

Parfois, votre bébé sera trop en détresse pour un massage. Voici le moyen idéal de calmer et distraire en douceur un bébé qui crie *èèrh* : le bain chaud (s'il aime les bains, car certains n'aiment pas). Tenir le bébé d'une main dans la baignoire et lui masser le ventre de l'autre main. Viser à donner un sentiment fort de sécurité tout en travaillant sur une zone de souffrance.

Mon fils n'aimait pas les bains, mais il aimait les douches. Pendant ses crises, je lui donnais une petite douche et souvent, il se calmait. Peut-être que la combinaison du son, de la chaleur et de mes bras l'aidait. Bien sûr, comme la peau des bébés est très fragile, j'évitais de l'ébouillanter en vérifiant la température de l'eau : tiède, à peine chaude. C'était assez désagréable pour moi, mais cela valait le coup, parce que ses pleurs cessaient. Je pouvais alors masser son ventre, puis, les mauvaises nuits, l'endormir avec la posture « bébé par-dessus le genou ».

Massage du ventre

À moins que la peau de votre bébé ne soit hypersensible, le massage est une excellente technique d'apaisement. Dans de nombreux pays, c'est une activité routinière, quotidienne, partie intégrante des soins aux nourrissons. Non seulement il soulage par le contact physique, mais les scientifiques ont aussi prouvé son impact sur le système immunitaire, la circulation et la digestion du bébé.

Il ne demande aucune compétence particulière, juste de la patience !

Certains bébés détestent être habillés puis déshabillés. Puisque l'objectif est de calmer un bébé anxieux ou en détresse, parfois, il vaut mieux le prendre tel qu'il est, nu ou habillé. Si vous devez le masser habillé ou si vous n'avez pas d'huile végétale, ce n'est pas un problème, votre massage sera tout de même efficace.

- Tout d'abord, préparer le cadre. Identifier un endroit chaud, calme, sans courant d'air. La température des bébés chute rapidement, surtout quand ils sont nus. Si vous utilisez de l'huile pour massage, sachant que votre bébé risque de s'en mettre sur les mains puis de les porter à sa bouche, vous choisirez des huiles végétales, raisin ou amande douce, par exemple. Attention, nombre d'huiles de massage pour bébé vendues dans le commerce contiennent des distillats de pétrole. Pour protéger table ou sol de l'huile, glisser un tissu imperméable sous la serviette ou la couverture douce qui accueillera le dos de l'enfant.

- Poser une main sous le menton du bébé, les doigts en éventail. Masser le torse du bébé jusqu'à ce que la paume de la main atteigne son nombril. Puis masser vers l'extérieur du ventre, toujours de la même main. Recommencer ensuite de l'autre main, en massant l'autre côté du ventre une fois le nombril atteint. Quand vous serez en confiance, si votre bébé ne gigote pas trop, vous pourrez le masser des deux mains.

- Prendre les jambes du bébé et les soulever vers son ventre. Les maintenir quelques secondes, puis les reposer. Répéter le mouvement.

- Reprendre cet enchaînement jusqu'à ce que le bébé aille mieux.

- Les mouvements lents et amples apaisent. On peut aussi utiliser ceux des enfants : ils ont tendance à gigoter, à tendre leurs jambes et à les passer d'un côté à l'autre… Si c'est le cas de votre bébé, il vaut mieux éviter de forcer et de tirer sur ses jambes quand vous achevez votre geste. Il est préférable, s'il s'est tourné d'un côté, de le masser de bas en haut ou de haut en bas sur le côté accessible. Contrairement aux massages pour adultes, on vise à « comprendre » le bébé avec nos mains, à calmer sa digestion tout en stimulant tendrement sa peau et ses muscles.

Calmer* èèrh *peut vous calmer, vous aussi

Un soir, quand je suis rentrée du travail, j'ai trouvé ma fille Lorna en pleine crise, pleurant le mot èèrh. *Je l'ai immédiatement placée sur mon épaule et j'ai employé la technique de la rotation de l'épaule [chapitre 8]. J'ai demandé à la nounou de faire couler un bain chaud pendant que je massais le ventre et le dos de Lorna. J'ai terminé par un long bain, chaud, relaxant. Cet enchaînement a été si efficace que j'en ai fait ma routine du soir. Elle me calmait, moi aussi. C'était tellement agréable de rentrer du travail et de prendre le temps de m'occuper d'elle. Je l'écoutais et je savais quoi faire !*

MADINE

Les tétines et *èèrh*

Si la tétine calme votre bébé, vous faites bien de vous en servir ! En parallèle, vous pouvez vous concentrer sur les solutions au mot *èèrh* présentées dans ce chapitre. S'il pleure *èèrh* et que vous lui proposez la tétine, vous le verrez peut-être téter avec force pendant un instant, puis la recracher. Je recommande de réserver l'usage de la tétine à la fin d'un épisode de *èèrh*. Avoir mal au ventre fatigue l'enfant. Un petit extra de réconfort, après un épisode de stress, ça fait du bien. De plus, d'après certaines études récentes, l'usage de la tétine limiterait le risque de MSN. Même si la crise qu'il vient de traverser a été particulièrement pénible, on couche toujours un bébé sur le dos, préférablement non loin de soi.

Mieux vaut prévenir que guérir *èèrh* : stratégies de prévention

Tout le monde connaît le dicton « mieux vaut prévenir que guérir ». Voici quelques techniques de prévention pour minimiser l'apparition des *èèrh*.

Porter en écharpe

Pendant la journée, on peut porter son bébé contre soi le plus possible, de préférence dans une écharpe de portage. Le contact corps à corps offre une sensation de sécurité aux bébés sensibles tandis que la position verticale les aide à expulser les gaz. Il n'existe aucun effet secondaire négatif d'un portage en écharpe. On ne peut pas « gâter » un bébé de moins de cinq mois.

Faire les rots

S'assurer de faire roter son bébé régulièrement, tout au long de la journée. Sans omettre, bien sûr, de le faire roter chaque fois que l'on repère un *èh*. Ainsi, on évite à l'air emprisonné dans l'estomac de passer dans l'intestin. Un *èh* peut se transformer par la suite en *èèrh* et devenir bien plus difficile à calmer.

Garder le plus possible le bébé dans une position verticale, en le portant contre soi, plutôt que le porter en berceuse.

Surveiller la régularité des èèrh

Si vous remarquez que votre bébé dit *èèrh* à heure fixe, par exemple vers 18 heures tous les soirs (l'heure typique des « pleurs du soir ») alors vous pouvez adapter votre routine en prévision de ce moment de *èèrh* difficile à calmer : en lui donnant un bain chaud ou un massage avant l'heure de déclenchement habituelle des pleurs. Parfois, cela suffit pour faire la différence. L'enfant se détend, le parent aussi. Si l'enfant pleure, il pleure moins longtemps, moins fortement.

Modifier le régime alimentaire de la mère

En cas d'allaitement au sein, votre alimentation a des conséquences sur votre bébé. Mon fils était âgé de quelques semaines quand j'ai découvert qu'il souffrait d'intolérances, en plus de coliques et de reflux gastriques. J'étais tombée malade et comme je m'occupais seule de lui, je me nourrissais presque exclusivement de yaourts et de smoothies, parce que c'était facile à préparer et à manger. Puis je suis tombée à court de lait alors que je ne pouvais pas sortir faire les courses. J'ai remarqué un changement subtil chez Tom : il ne disait plus le mot *èèrh* aussi fréquemment. Je me suis donc demandé s'il souffrait d'une intolérance aux produits laitiers. Pendant quelques semaines, j'ai fait des essais et arrêté de manger et de boire certaines choses. Chaque fois que je buvais un verre de lait, immanquablement, Tom avait mal au ventre. À partir de ce moment-là, j'ai très attentivement supprimé le lait de mon régime alimentaire. Pendant un an, j'ai donné le sein à un bébé intolérant au lactose et je peux vous dire que je n'oublierai jamais le goût du lait de riz !

Si votre bébé prononce fréquemment le mot *èèrh*, il est pertinent d'étudier votre alimentation. Le problème ne se limite pas aux allergies et intolérances. La digestion de certains aliments génère plus de gaz que d'autres, notamment l'ail, le brocoli, les produits laitiers et les préparations toutes faites contenant du fructose. Pour cette raison, les médecins suggèrent souvent aux mères allaitantes de suivre un régime simple contenant le moins possible de produits issus de l'industrie agroalimentaire. Votre pédiatre vous fournira la liste des aliments « suspects ». Si vous en mangez malgré tout, à vous d'anticiper la réaction possible de votre bébé et de prévoir le temps nécessaire pour gérer un épisode de crampes douloureuses.

Les épices, ce n'est pas toujours bon

Après mon congé maternité, j'étais tellement contente de retourner travailler que, au déjeuner, j'ai suivi mes collègues dans un restaurant indien. Je me suis régalée avec les plats épicés, comme tout le monde, sans penser une seconde que cela puisse influencer mon lait ! Le lendemain, ma fille Annabel criait indiscutablement èèrh*! J'ai vite fait le lien avec son introduction précoce à la cuisine indienne.*

> *Mais plutôt que chercher à l'endormir en la berçant ou la distraire avec un jouet, j'ai tout de suite su que je devais la prendre dans mes bras et la garder droite. Je l'ai installée sur mon épaule et j'ai marché dans la maison pendant un moment. Quand je fatiguais, je la positionnais par-dessus le genou. On règle un problème bien plus facilement quand on en connaît la cause et qu'on sait exactement quoi faire !*
>
> *DEB*

Si vous allaitez au sein, votre alimentation doit vous fournir assez de calories pour produire le meilleur lait possible. Mais il est préférable de consommer des aliments non épicés et des plats simples, en introduisant lentement, progressivement, des recettes plus sophistiquées. Vous pouvez tenir un journal des aliments que vous mangez, l'heure à laquelle vous les mangez, ainsi que l'heure à laquelle vous détectez des *èèrh* dans les pleurs de votre bébé ou un niveau d'inconfort certain, inhabituel, qui ne soit dû ni à la faim, ni à la fatigue, ni au besoin de roter (désormais, vous êtes experte dans le langage de votre bébé, vous savez faire la différence !). Ainsi vous ferez le lien entre ses crampes éventuelles et ce que vous avez mangé. Il suffit de prendre en compte le temps nécessaire à votre digestion, à la conversion de ce que vous avez mangé en éléments nutritifs dans votre lait, puis d'ajouter le temps nécessaire à la digestion de votre lait dans le système digestif de votre bébé.

Pour commencer, voici quelques règles de base :

- Chez l'enfant, la réaction aux fruits et baies, s'il y en a une, tend à se manifester sous forme d'éruption cutanée. Si votre bébé a les fesses rouges un jour après que vous vous êtes régalée avec une livre de fraises, vous pouvez envisager d'arrêter les fruits rouges. (Si votre bébé est mal à l'aise à cause d'un problème de peau, il dira le mot *hèèr*, voir le chapitre 9).

- Les produits contenant du glutamate monosodique (GMS) tendent à provoquer des maux de tête. Le bébé exprimera sa gêne en produisant un son mélangeant *guèn* (j'ai mal aux gencives) et *hèh*. Le problème peut survenir jusqu'à trois jours après votre consommation de GMS.

- Les tomates peuvent provoquer soit des rougeurs, soit des maux de tête.

- Les produits laitiers ont un impact assez soudain. Le bébé exprime son malaise avec le mot *èèrh* et montre des symptômes semblables à ceux des coliques. S'il est sensible aux produits laitiers, il aura tendance à recracher plus.

- Choux, haricots rouges, brocolis, choux de Bruxelles et lentilles peuvent produire des gaz chez les bébés. Mais on peut en contrecarrer les effets en faisant roter les bébés et en les gardant en position verticale.

- Les plats contenant du blé, du seigle, de l'orge, de l'avoine, du maïs ou d'autres types de céréales peuvent gêner les enfants au niveau de leurs articulations, où des rougeurs risquent d'apparaître. Si c'est le cas, l'enfant dit le mot *hèèr* (chapitre 9) régulièrement.

- Il arrive que les fromages affinés et le chocolat donnent mal à la tête et au ventre.

Changer de lait maternisé

Si votre bébé pleure *èèrh* pendant de longs moments, plusieurs jours de suite, le problème peut venir du lait maternisé. Nous en avons parlé au chapitre 2, certains bébés ne parviennent pas à digérer le lactose et ont besoin d'une préparation spécifique.

Vous devez consulter votre médecin et discuter de la possibilité de changer de lait. Il vous conseillera le plus adapté parmi les laits spéciaux suivants :

- Préparation à base de lait de vache sans lactose. Ce lait ressemble aux laits standard, mais ne contient pas de lactose. Il est proposé aux bébés intolérants au lactose.

- Préparation à base de soja, fabriquée à partir de protéine de soja, auquel sont ajoutées des matières grasses à base d'huiles végétales, des hydrates de carbone à base d'amidon de maïs, du saccharose, du fer, des vitamines et des minéraux. Elle est prescrite aux enfants vraiment allergiques au lait de vache.

- Préparation à base de lait de chèvre, reconnue comme compatible pour l'alimentation des nourrissons depuis peu de temps. Elle est donnée aux enfants allergiques aux laits maternisés à base de lait de vache ou de soja.

- Préparation ultra-hydrolysée. Ce type de lait maternisé vise à limiter les allergies chez les bébés ayant des antécédents familiaux d'asthme, de rhume des foins, d'eczéma, d'allergies aux noix ou au soja.

Si vous changez de marque, même si la composition annoncée du lait maternisé est similaire, restez bien à l'écoute des pleurs de votre bébé pour savoir si cette modification lui convient. Je me souviens d'une mère dont le bébé a fortement réagi, trente minutes seulement après son biberon. Elle avait acheté une marque moins onéreuse de lait maternisé. Dès qu'elle lui a redonné la première préparation, les pleurs ont cessé.

Comprendre les liens entre *èèrh* et la colique

J'ai remarqué que les bébés souffrant de coliques émettent souvent le mot *èèrh* dans leurs pleurs. Si le vôtre dit *èèrh*, cela ne signifie pas nécessairement qu'il a des coliques. On parle de « colique du nouveau-né » quand, entre l'âge de deux semaines et six mois, le bébé pleure chaque jour pendant un long moment, souvent sans raison apparente. Pendant ces épisodes quotidiens, il est très difficile d'apaiser l'enfant. En général, le pédiatre vérifie son état de santé, s'assure qu'il ne souffre pas d'un problème plus sérieux, puis pose le diagnostic de « colique » et propose des solutions.

Vous pouvez réduire la durée et la fréquence des épisodes de colique en réagissant aux pleurs de votre enfant tout au long de la journée. Si vous le nourrissez dès qu'il dit *nèh*, il se nourrira mieux, en avalant moins d'air. Quel que soit le diagnostic, si vous comprenez et réagissez aux *èèrh* et aux *èh* de votre bébé, vous réduisez à la fois ses gaz et sa douleur. L'objectif de l'approche « prévenir plutôt que guérir » est de « chasser le vent » avant les cris, avant la douleur.

On annonce souvent « mon enfant a des gaz » quand il souffre de « colique », mais ce n'est pas toujours vrai. Certes, la colique semble liée à des problèmes digestifs, pour deux raisons. D'une part, de nombreux bébés ont l'estomac ballonné pendant leurs épisodes de colique. D'autre part, la résolution des problèmes liés à la digestion (problèmes d'alimentation ou de rot), couplée à la maturation du système digestif, finit par clore les épisodes de colique.

On dit souvent que les pleurs des épisodes de colique contribuent au ballonnement de l'estomac en augmentant le volume d'air avalé par le bébé. Si votre bébé souffre de colique et dit *èèrh*, il est pertinent de le soigner d'abord pour un problème de gaz abdominaux. S'il ne se calme pas, d'autres causes de sa douleur se révéleront peut-être. Patience ! La colique prend du temps à soigner. Il n'existe aucun remède radical ; la résolution du problème est un long processus.

Le « Parentalement correct »

Ce qu'on nous dit de faire quand on est un jeune parent peut se révéler l'exact opposé de ce qui est nécessaire quand un bébé souffre de gaz. Si on le fait roter après ses repas et non avant, parce que « c'est comme ça qu'il faut faire », nous le nourrissons sur un estomac plein de bulles d'air ! L'air emprisonné passe du système digestif supérieur au système digestif inférieur et nous voilà, à l'heure du coucher, avec un bébé dont le ventre est gonflé de gaz.

Et si on sortait de ces il faut, on doit ? Parenter correctement demande parfois à quitter le « parentalement correct ». Il est « parentalement correct » de faire faire un rot après chaque tétée, mais si vous faites roter votre bébé régulièrement, tout au long de la journée, vous l'aidez à chasser l'air de son système digestif supérieur et vous n'entendrez pas autant de *èèrh*, voire aucun. Même s'il ne dit pas *èèrh*, le faire roter régulièrement est toujours utile, ainsi que masser souvent son abdomen et le maintenir le plus vertical possible, y compris quand il dort (pour relever la tête de son lit en toute sécurité, consulter le chapitre 6). Souvenez-vous : quand vous entendrez le mot *èèrh*, il est trop tard pour le mode préventif, vous passez au mode curatif. Avant tout, surtout si votre bébé souffre de coliques, il est bon de se rappeler qu'il réagit automatiquement, par réflexe, inconsciemment. Dans l'épisode qu'il traverse, il ne décide rien. Vous l'aidez au mieux en comprenant son langage et donc ses besoins.

9. *Hèh* et ses variations: «je suis inconfortable»

«Inconfortable» est un terme à large spectre pour toute une gamme de gênes chez un bébé. Mais le mot *hèh* se déclenche lors de réflexes cutanés. La peau, notre plus large organe, fonctionne en synergie avec de nombreux muscles. À l'écoute, les sons produits par les réflexes cutanés présentent des similarités.

Quand nous avons froid, nous avons la chair de poule, nous frissonnons; quand nous avons trop chaud, nous transpirons; quand notre peau est irritée, elle gonfle et rougit dans son combat contre les bactéries. Chez les bébés aussi. Le mot *hèh* couvre toutes ces réactions.

Les réflexes cutanés en accompagnent d'autres: la pulsation cardiaque augmente, les membres s'écartent en vue de rafraîchir le corps, à moins qu'ils ne se recroquevillent pour le réchauffer. La séquence de cette coordination musculaire dépend de ce que la peau cherche à réguler et modifie le son qu'exprime votre bébé. *Hèh* signifie « inconfortable », mais si votre enfant a besoin d'être changé, ce n'est pas la même chose que s'il a froid ou chaud. Donc le son sera différent en fonction de la gêne de votre enfant, s'il a chaud, froid, si sa peau est irritée ou s'il a besoin de changer de position. Toutes ces gênes ont en commun l'organe principal qui les pilote : la peau.

Hèh et ses variations partagent souvent les mêmes solutions. C'est pourquoi j'ai regroupé les problèmes « épidermiques » sous un seul mot. Je vous expliquerai les différentes variantes sonores, mais j'ai remarqué que les parents s'en sortent très bien en ne détectant que *hèh*.

À quoi ressemble le mot *hèh*

Le mot *hèh* sonne de manière un peu voilée. Il ressemble à un soupir, avec un peu plus de force qu'un soupir, comme quand on expire de l'air en y ajoutant de la pression. Le premier *h* est clairement audible, comme dans l'interjection « hem ! ». Le *è* peut sonner soit très brièvement, soit longuement.

Pour reproduire ce son, détendre tout son corps. Inspirer profondément, poser le bout de la langue en bas des dents du dessous, ouvrir la bouche dans un grand sourire et souffler rapidement. Si vous recommencez en y ajoutant de la voix, vous obtiendrez le son *hèh*.

Sentez-vous la caisse de résonance ? Le son résonne dans votre tête, vers l'arrière de votre palais et non dans votre cavité nasale. Il est utile à ce stade de prendre le temps d'enchaîner différents mots, *èèrh*, qui sollicite le bas de votre abdomen (la contrebasse), *èh*, qui résonne dans le haut du buste (le violon), *nèh*, qui résonne dans votre cavité nasale, puis *hèh*, à l'arrière du palais. Cela vous aidera à percevoir les différentes parties mobilisées et modifiées dans votre corps.

La fabrique du mot *hèh*

Quand nous avons trop chaud, notre cœur bat plus vite, nos veines s'élargissent, nous étendons nos bras et nos jambes. Quand nous avons froid, aux extrémités de nos membres, les vaisseaux sanguins se contractent, afin de restreindre le flot sanguin aux organes vitaux. Nous nous blottissons pour conserver un peu de chaleur. Notre respiration change aussi : si nous avons trop chaud, l'expiration est plus forte que l'inspiration, si nous avons froid, l'inspiration ralentit et s'entend davantage. Si une partie de notre corps nous démange, nous nous tortillons et cherchons à l'atteindre et à la frotter.

Toutes ces modifications physiques, musculaires, participent au modelage du son que vous détecterez dans les pleurs de votre enfant, quand ils expriment ces différentes gênes.

Entendre le mot *hèh*

Le type spécifique d'inconfort d'un bébé modifie les sons qu'il émet, du fait des variations du débit d'air sur son larynx et des mouvements de sa bouche et de sa langue. Quelle que soit la gêne ressentie, vous entendrez un *h* au début du pleur. Le son suivant est une sorte de nuance sonore, qui vous aide à préciser la raison de l'inconfort.

Variation sur hèh *:* hoh, j'ai *froid*

Si vous entendez un long *hoooooh*, alors votre bébé est en train de prendre froid. Il vous le montre : vous remarquerez qu'il a rapproché ses bras et ses jambes au plus proche de son corps. Son cri est plutôt calme. Sa langue passe de la gencive du bas à la gencive du haut, comme s'il voulait conserver l'air à l'intérieur de sa bouche et le réchauffer avant qu'il atteigne ses poumons. Le résultat de cette activité est le son *hoh*.

Variation sur hèh *:* hèhèhèhèh, *j'ai chaud*

Quand votre bébé a chaud, les réactions physiques s'inversent. Le son produit commence en *hèh*, mais se transforme en un très bref, rapide, répétitif *hèhèhèhèh*, comme une sorte d'hyperventilation, de halètement. La langue de votre enfant s'aplatit. Il inspire et expire très rapidement. Vous entendrez du son à la fois à l'inspiration et à l'expiration, d'où la succession très rapide de *hèhèhèhèhèh*. Si vous reproduisez ce son, vous sentirez l'effet rafraîchissant du passage de l'air dans votre bouche.

Variation sur **hèh**: **hèèr**, *ça me gratte (ou quelque chose me gêne quelque part)*

Quand un bébé a des démangeaisons ou tout autre problème de peau, des rougeurs par exemple, il a tendance à se tortiller en faisant la grimace, les sourcils froncés. Ses trémoussements perturbent la régularité de son souffle; la grimace produit un son ressemblant à *èr*. Les bébés prononcent rarement le mot *hèèr* isolément. Dans la majeure partie des cas, vous entendrez *hèèr* au sein d'une phrase avec d'autres sons.

Pour reproduire le mot *hèèr*, on inspire, puis pendant l'expiration on bouge rapidement une épaule après l'autre, de haut en bas, tout en grimaçant de la manière suivante: on ouvre la bouche en l'étirant comme un grand sourire et on positionne la langue à la base des dents du bas.

Hèh, *le son principal*

Quand un bébé a besoin de changer de position, il souffle un bon coup et émet un *hèh* net et franc. S'il est gêné autrement, la dernière partie du son change en fonction de l'inconfort ressenti, mais le début du mot est toujours *hèh*. Voilà pourquoi il suffit en général de repérer *hèh* ou juste le *h*, au sein des pleurs de votre bébé pour comprendre qu'il vous signale un inconfort et apporter un soulagement. Si vous le pouvez, écoutez la fin du mot et vous identifierez précisément la gêne. Mais la plupart des parents se contentent de *hèh*.

10. Les solutions pour *hèh*

Comment hèh *m'est venu*

Au début, j'avais du mal à entendre hèh, *mais c'est devenu bien plus facile quand j'ai compris que le* h *représentait l'air expulsé. J'ai pensé au halètement d'un chien et j'ai ajouté de la voix :* hèh, hèh, hèh. *J'ai aussi remarqué que je distinguais facilement les variations du son,* hoh *pour le froid,* hèèr *pour les irritations. Non seulement les sons varient un peu, mais la façon dont mon bébé les dit varie aussi. Pour moi,* hèh *est le mot le plus utile de toute l'approche Dunstan – à part le mot* nèh, *bien sûr !*

Tara

Hèh signifie « mal à l'aise », « inconfortable ». L'organe pilote à l'origine de ce mot, la peau, stimule les réflexes des muscles et des autres organes du bébé. Sa signification varie : peut-être doit-on changer la couche du bébé, rechercher une éruption cutanée, à moins que le bébé ait chaud, froid ou besoin de changer de position, tout simplement. Chaque problème spécifique d'irritation de la peau peut s'exprimer par différents sons, mais en réalité, détecter les *hèh* de votre bébé suffit. En général, si vous savez que votre bébé est mal à l'aise, les circonstances vous aident à faire le tri entre les différentes causes possibles d'inconfort et à régler le problème.

Les couches et *hèh*

Quand ils sont mal à l'aise dans leur couche, les bébés veulent être changés. Peut-être est-elle trop lourde, à moins qu'elle ait bougé et les gêne, que l'urine leur donne froid ou que leur peau s'irrite. De plus, en changeant la couche fréquemment tout en vous assurant qu'elle est correctement placée, vous éviterez les érythèmes fessiers.

Couches lavables ou couches jetables?

Pour certains, c'est un sujet de discorde. En devenant parent, on prend souvent des positions très tranchées sur ces sujets: acheter des couches jetables ou lavables, allaiter au sein ou au biberon, comment immuniser au mieux. De mon point de vue, il est toujours intéressant d'étudier les deux camps et de prendre en compte son propre mode de vie avant de choisir ce qui convient le mieux pour sa famille. Certaines familles adoptent les couches lavables, d'autres les couches jetables, d'autres encore préfèrent utiliser les deux. Personnellement, j'ai utilisé les deux, surtout quand j'emmenais Tom pendant mes déplacements professionnels.

Les couches lavables

Aujourd'hui, les couches lavables ne sont plus des linges carrés que l'on apprend à plier en deux et à faire tenir avec de grosses épingles de nourrice. Les couches lavables modernes s'achètent en plusieurs tailles et s'adaptent parfaitement à l'enfant. Elles sont équipées d'élastiques anti-fuites autour des jambes et se ferment au moyen de Velcro. Plus d'épingles. Si le Velcro ne convient pas, il en existe à boutons pression.

Il existe des doublures de couche lavable que l'on peut jeter aux toilettes. Sinon, on racle les selles de la couche et on les jette dans les toilettes avant de faire tremper la doublure. De nombreux outils facilitent le processus : des pommes de douche spécifiques, des grattoirs en caoutchouc. Ma salle de bains familiale est un endroit très fréquenté, aussi j'ai préféré la garder aussi peu encombrée que possible et je me suis passée de ces accessoires.

Les couches lavables permettent de contrôler les produits chimiques au contact de la peau de votre bébé. Voilà un gros avantage, notamment pour les bébés qui disent régulièrement *hèèr*.

Les couches jetables

Ce sont les couches les plus pratiques : on les utilise, puis on les jette. Elles conviennent aux bébés qui souffrent d'érythèmes fessiers, car elles gardent l'enfant au sec plus longtemps, mais elles sont plus chères que les lavables. Comme moi, vous aurez sans doute besoin d'en tester plusieurs avant de trouver celle qui convient à la fois à votre bébé et à votre budget. Mon fils était allergique à la colle présente dans les élastiques de la plupart des couches jetables. Une seule marque ne provoquait pas de réaction allergique. Quand nous partions en voyage, je devais en préparer une pleine valise ! La même marque fabriquée dans un autre pays pouvait déclencher des irritations.

Les couches jetables sont commercialisées en différentes tailles et pour différentes étapes, des couches « naissance » aux « culottes jetables » spécifiques à l'apprentissage de la propreté. Pour choisir, prendre la taille correspondant au poids du bébé et vérifier son confort : il ne doit pas être trop serré ni aux jambes ni au ventre. Comme les bébés en utilisent au moins dix par jour, on s'assure d'en avoir toujours un bon stock d'avance, mais pas trop, car ils grandissent à toute allure !

Avec **hèh**, *tout le monde dort mieux*

Une nuit, vers 3 heures du matin, des sons hèh *m'ont réveillée. Je me suis penchée sur le berceau de James et j'ai posé ma main sur lui, pensant juste le bercer un peu et l'aider à s'endormir. Mais sa couche avait fui et tout était trempé, son pyjama, les draps, la couverture, le matelas. Même son lapin en peluche ! Sa couche n'était pas assez serrée, d'où les débordements. Si j'avais ignoré la signification de ses pleurs, James se serait vite complètement réveillé et c'en était fini de notre nuit. Mais j'ai pu gérer la situation à temps et changer James, puis le rendormir tranquillement. Je me suis recouchée et j'ai dormi, moi aussi, quatre bonnes heures de sommeil profond.*

Rosalie

Comment changer une couche

Cela paraît évident. Mais j'en parle quand même parce que les *hèh* de nos bébés proviennent, pour la plupart, soit d'une couche mal posée, soit d'une couche changée trop peu souvent. Une simple erreur de positionnement du pénis d'un petit garçon, si on oublie de le rabattre vers le bas avant de fermer la couche, peut provoquer une inondation, laquelle enclenchera la variation *hoh* des pleurs, signifiant « j'ai froid ». Par ailleurs, un babysitter pas très à l'aise avec les changements de couche attendra plus longtemps qu'il ne faut et se demandera ensuite pourquoi le bébé pleure *hèèr*. Si les fesses du bébé sont irritées, un tout petit peu d'urine suffit à lui faire mal.

Se préparer

- On change les couches dans un endroit bien chauffé, sec et sécurisé. Si on opte pour une table à langer, autant choisir les modèles équipés de rebords anti-chute et empêcher le bébé de tomber en gardant une main posée sur lui. Comme sur toutes les surfaces surélevées, qu'il s'agisse d'un lit, d'un canapé ou d'une poussette.

- Protéger le meuble d'un matelas ou d'une serviette, si possible avec une matière douce au contact de la peau du bébé, doublée d'une matière plastique pour éviter les taches – le tout lavable et acheté en double pour ne pas tomber à court en cas de passage en machine.

- Disposer tout le nécessaire à portée de main. Un bébé peut salir dix couches par jour, il en faut donc un bon paquet d'avance. Si vous utilisez des couches lavables, vous aurez besoin de culottes imperméables de protection. Prévoir aussi un sac (lavable) pour les couches lavables salies ou des sacs-poubelle pour les couches jetables, et bien sûr des lingettes ou de l'eau et du coton pour le nettoyage et lotion, talc ou vaseline pour les érythèmes fessiers.

- Au début, si vous ne vous sentez pas très à l'aise, rassurez-vous : vous ne manquerez pas d'occasions de vous entraîner ! Vous deviendrez très vite expert(e) en changement de couche et ce moment deviendra l'occasion d'un échange privilégié et amusant entre vous et votre nouveau-né.

Changer son bébé

- Sur le matelas à langer, poser le bébé sur le dos et le déshabiller.

- Dégrafer la couche. Avec la partie frontale, essuyer les excréments et les rassembler vers le milieu de la couche.

- Soulever doucement les fesses en tenant les jambes d'une main. Essuyer les excréments avec la partie arrière de la couche et les rassembler au centre. Retirer la couche sale en la pliant sur elle-même et en la faisant glisser.

- Nettoyer les fèces et l'urine sur les fesses du bébé avec des lingettes, un gant de toilette humide ou du coton mouillé, en passant bien dans les plis. Attention à ne pas tirer sur la peau, la nettoyer en petits mouvements légers. On nettoie de l'avant vers l'arrière, en tenant de nouveau d'une main les jambes ou les chevilles du bébé pour soulever ses fesses. Si c'est une petite fille, il est particulièrement important de la nettoyer de l'avant vers l'arrière, de manière à éviter que des bactéries de la zone anale ne pénètrent dans le vagin ou l'urètre et ne causent une infection.

- Laisser sécher à l'air libre ou essuyer avec la serviette, puis appliquer si nécessaire lotion ou talc.

- Ouvrir la couche propre et la placer, ouverte, à côté du bébé. Soulever les fesses, toujours de la même manière, en lui attrapant les jambes et glisser la couche dessous. La partie arrière de la couche doit remonter dans son dos, la partie avant doit passer entre ses jambes.

- On évite les plis en vérifiant que l'élastique de la taille est bien étalé, bien à plat. Pour les garçons, positionner le pénis vers le bas et non vers le haut.

- Fermer correctement la couche. Vérifier qu'elle ne bâille pas au niveau des jambes, qu'elle ne serre ni trop ni pas assez au niveau du ventre. S'il s'agit d'un nouveau-né, on s'assure de ne pas couvrir le cordon ombilical. Il est possible que vous ayez à replier la couche au niveau de la taille pendant quelques semaines.

- Habiller le bébé et le poser dans un endroit sécurisé, puis se débarrasser de la couche souillée et se laver les mains.

- Plus votre bébé grandit, plus il gigote, plus il est difficile de le tenir pendant le change. Le principe reste le même : la sécurité d'abord. Si nécessaire, vous pouvez poser le matelas à langer au sol et changer votre bébé par terre.

- Pendant que vous changez votre enfant, vous pouvez lui proposer quelques jouets – un hochet, un mobile suspendu, un miroir accroché au-dessus de la table à langer –, ou lui chanter des chansons : Pomme pêche poire abricot, y en a une, y en a une…

***Hèh* dans le siège auto, le transat, le lit ou sur le tapis d'éveil**

Si on vous maintenait immobile, vous seriez surpris de sentir à quel point c'est inconfortable. Souvent, lors d'une gêne, nous n'avons même pas conscience d'adapter notre position. Nos bébés ne peuvent pas encore procéder par eux-mêmes à ces ajustements. Ils dépendent de nous pour remédier à toute position inconfortable et modifier leur posture. Si un bébé glisse et s'affaisse dans sa poussette, il ne peut demander de l'aide qu'en pleurant. Votre fille ne sait pas exactement ce qui lui arrive, mais elle se sent mal installée. Ce serait la même chose si les ceintures de son siège auto étaient trop serrées. Elle n'a aucune compréhension de ce à quoi servent les ceintures, mais elle sent quelque chose la serrer, elle se sent comprimée. Dans de telles circonstances, les bébés disent *hèh*.

Quand vous entendez ce mot, son besoin peut être que vous la changiez de position, ajustiez un vêtement pour supprimer une gêne ou que vous lui permettiez de bouger. À moins que sa couche ne la serre. Si elle a la couche pleine et que l'humidité lui donne froid, elle le signalera par un son spécifique, différent de celui indiquant démangeaison ou irritation.

Sortir se promener avec un nouveau-né tient parfois de l'exploit. On le nourrit, on le fait roter, on le change une seconde fois parce qu'il vient de régurgiter du lait sur sa première tenue, on prépare un sac avec tout le nécessaire, on s'habille enfin... tout cela épuise. J'ai travaillé avec une mère que j'ai vue se préparer avant de partir à un rendez-vous avec son bébé. Elle était déjà en retard au moment d'attacher sa fille dans sa poussette, qui, très vite, s'est mise à pleurer. En entendant les *hèh* de sa fille, elle s'est penchée sur elle et a vite compris le problème: elle avait inversé les bretelles de la poussette. Sa fille avait mal aux épaules. En général, les problèmes signalés par des pleurs *hèh* se résolvent assez facilement.

Quand *hèh* devient *hèèr*

Le mot *hèèr* indique que la peau de votre enfant est irritée à cause d'une éruption cutanée, d'une inflammation ou d'une démangeaison. Où que ce soit, c'est inconfortable et énervant. Même les adultes se trémoussent pour atteindre la zone qui brûle ou qui démange. Nos bébés font pareil. Quand ils sont mal à l'aise, leur *hèh* se transforme en *hèèr*.

Les irritations cutanées les plus fréquentes ? Les érythèmes fessiers. Mais elles peuvent aussi apparaître à toutes sortes d'endroits, notamment aux articulations et dans les replis de la peau.

Les érythèmes fessiers

D'aspect rouge, gonflés, sensibles, les érythèmes fessiers apparaissent sur la peau masquée par la couche. Ils vont et viennent. Leurs causes varient, mais le plus souvent, ils se forment quand la couche n'est pas changée suffisamment fréquemment. Les poussées dentaires provoquent des diarrhées qui engendrent ou aggravent l'érythème fessier. Les mères allaitant au sein constatent parfois que certains aliments, notamment les fraises, les pêches et même les tomates, peuvent générer une réaction chez leur enfant (soit une réaction allergique directe visible sous forme d'érythème, soit indirecte, via l'urine ou les selles du bébé). Par ailleurs, chez les bébés, certains médicaments, notamment les antibiotiques, donnent des fesses rouges et douloureuses. Quand on commence à diversifier leur alimentation, leur urine peut devenir acide et ainsi participer au développement d'un érythème fessier.

Avoir les fesses rouges, c'est très inconfortable. Votre bébé ne se sent pas bien. Parfois, il suffit de changer sa couche et d'appliquer une crème. À partir du moment où l'érythème s'est installé, ses fesses deviennent souvent hypersensibles, requérant l'application de produits hypoallergéniques, ne contenant ni parfums ni conservateurs. En plus de lui changer les couches le plus souvent possible, vous pouvez remplacer le savon de son bain par un savon à pH neutre, les lingettes nettoyantes par de l'eau et du coton et laisser sécher ses fesses à l'air libre, autant que possible.

Un père m'a raconté que quand son fils souffrait d'érythèmes fessiers, il pleurait *hèèr* bien plus fréquemment. Il lui ouvrait alors les couches tellement souvent qu'il a remarqué une chose : son fils disait *hèèr* juste après avoir mouillé sa couche. Il en a conclu que l'urine irritait la zone douloureuse et a appliqué une crème protectrice sur les fesses de son fils, chaque fois qu'il le changeait. Problème résolu.

Quand l'urine ou les selles irritent

Une exposition prolongée à l'urine ou aux selles peut irriter la peau sensible d'un bébé. S'il a des selles fréquentes, il est plus exposé au risque d'une inflammation, car les selles attaquent davantage la peau que l'urine.

La diversification

Entre quatre et six mois, les bébés peuvent commencer à manger des aliments solides. Leurs selles se modifient alors, augmentant le risque d'un érythème fessier. Le simple changement de régime peut accroître la fréquence de ses selles et suffire à provoquer une irritation. Si vous allaitez votre bébé au sein, il arrive qu'il réagisse à ce que vous avez mangé (une sauce tomate par exemple) et développe un érythème fessier. J'ai aidé une mère à découvrir que, dès qu'elle mangeait épicé, son bébé disait *hèèr*. Quand vous diversifiez l'alimentation de votre bébé, il est important de commencer par des produits peu allergisants contenant par exemple du riz, des poires, des pommes de terre ou des patates douces, pour n'en nommer que quelques-uns ! Si vous hésitez sur les aliments à introduire en premier, mieux vaut consulter votre pédiatre.

Changer de produit peut provoquer des rougeurs

La peau des bébés est si sensible qu'un rien peut l'enflammer, y compris le contact des produits du quotidien : lessives, adoucissants, lingettes jetables... Parfois, il suffit de changer de marque de couches ! Pour certains bébés, même les lotions et huiles pour bébé posent problème. Si c'est le cas du vôtre, vous pouvez rincer son linge et ses vêtements deux fois et tester différentes marques de lessive, de couches et de lingettes. Certains parents trouvent un équilibre en nettoyant les fesses de leur bébé avec des lingettes hypoallergéniques qui nettoient les bactéries, les selles et l'urine, après quoi ils appliquent du coton mouillé, pour rincer le produit déposé par la lingette. Puis, ils laissent les fesses sécher à l'air libre pendant quelques minutes. Souvent, les bébés souffrant d'érythèmes fessiers auront d'autres zones irritées, notamment les aisselles ou les creux poplités.

Les infections bactériennes ou fongiques (mycoses)

Parfois, ce qui commence en érythème fessier se transforme en infection et s'étale aux zones voisines. Les rougeurs s'installent souvent dans les plis où elles sont difficiles à nettoyer et à sécher sans tirer sur la peau. Les bactéries et les champignons à l'origine de mycoses adorent l'environnement chaud et humide créé par la couche, par les creux des articulations (aisselles, creux poplités) ou par les replis de la peau qui favorisent leur multiplication. Une fois ces zones attentivement nettoyées, replis inclus, vous pouvez les tapoter doucement au moyen d'une serviette, puis terminer le séchage avec un éventail. C'est une solution efficace si vous n'avez pas le temps de laisser votre enfant se sécher tout seul à l'air libre. Puis vous pouvez appliquer de la vaseline sur les zones irritées. Si l'irritation ne disparaît pas, il est pertinent de la montrer à votre pédiatre et d'envisager avec lui l'application d'une pommade antibactérienne ou antifongique. Dans les pays chauds, le talc est particulièrement efficace. Il est important de l'appliquer d'abord sur votre main, à distance de votre enfant, afin qu'il ne respire pas de particule.

Se procurer les bonnes tailles

Les bébés naissent et ne se ressemblent pas. Parfois, il est difficile de les habiller avec des vêtements adaptés ou de trouver la couche parfaitement ajustée. Or les frottements du tissu ou de la couche sur leur peau peuvent provoquer des rougeurs et des irritations. Vous observerez alors des marques le long des jambes, sur le ventre et là où la peau est en contact d'un élastique ou d'un tissu trop serré. Il vous faudra rechercher des marques ou des tailles différentes de vêtement, mieux adaptées à votre enfant.

Les médicaments

Dans certains cas, une maman donnant le sein doit prendre des médicaments. D'autres fois, c'est l'enfant qui en a besoin. Il est de notoriété publique que certains antibiotiques engendrent des érythèmes fessiers, soit indirectement, via le lait maternel, soit directement, quand ils sont prescrits au bébé. Les antibiotiques sauvent des vies, mais quand ils sont consommés inutilement, ils créent plus de problèmes qu'ils n'en résolvent : ils tuent toutes les bactéries, les bonnes comme les mauvaises. Si vous allaitez votre enfant au sein, il est nécessaire de consulter votre médecin avant de prendre toute médication. Bien sûr, vous devez aussi le consulter avant d'en administrer à votre enfant, y compris s'il s'agit de comprimés homéopathiques ou de vitamines.

Solutions pour *hèhèhèh* : j'ai chaud

Une solution très cool

Mon fils Callum est né en plein hiver. En général, il dormait dans son berceau à mes côtés, bien calé sous ses couvertures et je m'assurais de bien chauffer la maison. Un jour, il m'a réveillée en pleurant hèhèhèh. *J'ai vérifié sa couche. Elle était un petit peu mouillée, alors je l'ai changée. Et je l'ai remis au lit, en le bordant bien. Quelques minutes plus tard, il a recommencé,* hèhèhèh. *J'ai palpé son corps que j'ai trouvé chaud, mais pas fiévreux. Je me suis dit qu'il avait juste chaud, couvert de plusieurs grosses couvertures d'hiver dans une pièce déjà bien chaude. J'ai retiré une des couvertures et j'ai baissé le chauffage. Et il s'est rendormi.*

SALLY

Quand vous entendez *hèhèhèh* dans les pleurs de votre bébé, il a trop chaud. Si vous lui touchez la nuque, vous constaterez qu'elle est chaude. J'ai remarqué ce que j'appelle une « chaleur radiante » chez des centaines de bébés : je porte le bébé et je sens que sa chaleur m'irradie. Comme vous portez votre bébé régulièrement dans vos bras, vous serez rapidement capable de dire s'il émet plus de chaleur que d'habitude. On a tendance à croire que les bébés n'ont trop chaud que dans les climats tropicaux ou en été. En fait, le risque est plus élevé en hiver. Un bébé a plus facilement chaud quand il est trop couvert dans un endroit chauffé. Les jeunes parents craignent que leur bébé ne prenne froid et ont tendance à l'habiller trop chaudement. Récemment, des chercheurs ont corrélé les coups de chaud avec un risque plus élevé de MSN. Il est donc très important de répondre adéquatement aux *hèhèhèh* de votre petit.

En hiver, on peut habiller son bébé comme on s'habille soi-même. Si vous portez une chemise et un pull, alors cela conviendra aussi à votre bébé. Pour les nouveau-nés, les prématurés et les très jeunes nourrissons, on ajoute une couverture que l'on peut facilement enlever ou remettre. On se décharge ainsi du souci d'avoir à déshabiller ou rhabiller son enfant.

Quand le bébé a chaud, de toute évidence, il doit être rafraîchi. On commence par lui « retirer une épaisseur » ou on le déplace dans un endroit plus frais dans la maison ou à l'ombre si on est en extérieur. En été et dans les climats chauds, mieux vaut l'habiller de matières naturelles comme le coton et de vêtements légers et amples. On le garde à l'ombre ou dans des endroits aérés, frais. Sa peau brûle très facilement donc il faut éviter de l'exposer au soleil. On peut aussi lui passer un linge mouillé, doucement, sur le visage, le corps, les membres. Si vous disposez de l'air conditionné ou d'un ventilateur, attention: il est préférable de ne pas placer un bébé directement devant la source de fraîcheur, mais de refroidir l'air autour de lui. Enfin, un bain tiède rafraîchit tout le monde, les bébés comme les adultes.

Si votre bébé développe des inflammations sudorales ou des rougeurs dans les replis de sa peau, vous pouvez adopter l'approche « moins, c'est plus » et revisiter votre façon de l'habiller et de le protéger de la chaleur. S'il prononce souvent le mot *nah* (j'ai soif, chapitres 15 et 16), réclame le biberon ou le sein à une fréquence très élevée ou ne mouille plus ses couches, alors il a vraiment pris chaud: ce sont des signes de déshydratation. Si le problème ne se règle pas rapidement avec les méthodes courantes de régulation de la température, il est pertinent de contacter un pédiatre.

Solutions pour *hoh*: j'ai froid

Les bébés réagissent fortement aux changements de température. Même s'il fait une chaleur suffocante dehors, leur température corporelle chute rapidement dès qu'ils sont placés dans un endroit trop frais.

Attention aux bouches d'aération

C'était l'été, il faisait chaud, je conduisais, Emily se trouvait derrière moi dans son siège auto. J'avais allumé l'air conditionné sans savoir que la bouche d'aération soufflait droit sur Emily. Elle s'est mise à pleurer et j'entendais ses nombreux hoh. *Je me suis garée puis me suis occupée d'elle. Ses petites jambes étaient glacées ! Je m'en suis voulu ! Mais si je n'avais pas compris* hoh, *j'aurais pu continuer ma route, pensant qu'elle était juste fatiguée. Je l'ai enveloppée dans une couverture et l'ai réinstallée dans son siège. Elle s'est réchauffée, problème réglé.*

JACKIE

Quand vous entendez un long *hhoooo* dans les pleurs de votre enfant, il est en train de prendre froid. Vous remarquerez qu'il a rassemblé ses jambes et ses bras au plus proche de son buste et qu'il pleure relativement calmement. D'abord, on vérifie ses pieds et ses mains, que l'on réchauffe avec nos propres mains avant de lui enfiler des moufles, des chaussettes, un bonnet, de lui ajouter une couche de vêtements ou une couverture.

Les bébés ont souvent les pieds froids, car les parents oublient que les pieds pendent et doivent être protégés pour rester chauds. Quand il fait froid, une paire de chaussettes ne suffit pas. On voit souvent des bébés bien emmitouflés de partout sauf aux pieds. Parfois les pieds exhibent de minces chaussettes, mais pas toujours : les bébés, ça gigote et les chaussettes, ça tombe !

Dans une pièce froide, quand on allume le chauffage, on ne place pas un bébé devant la source de chaleur. On cherche à réchauffer l'air autour du bébé plutôt que le bébé lui-même. C'est pareil dans les voitures. Dans tous les cas, le meilleur chauffage, c'est un câlin dans les bras de sa maman ou de son papa.

Comment habiller son nouveau-né

Au début, quand on n'a pas d'expérience, habiller un nouveau-né effraie. Ils sont si petits ! On a peur de leur faire mal, on craint que leur tête ne « tienne » pas pendant le processus. Heureusement, ils sont plus costauds qu'on ne le pense. Tant que nous faisons attention, ils ne risquent rien. Votre bébé protestera probablement pendant que vous l'habillerez, car même les plus calmes râlent quand on leur passe la tête dans l'encolure du body ou quand on pousse leurs petits bras dans les manches. Voici quelques astuces :

- La sécurité d'abord. Comme pour changer une couche, on habille son bébé dans un endroit sécurisé. Si on l'habille sur un meuble en hauteur, il faut s'assurer que le bébé ne puisse pas tomber. On cherche aussi un endroit suffisamment spacieux où poser les vêtements.
- Privilégier les boutons pression ou les vêtements qui s'ouvrent et se ferment. Un gilet s'enfile plus facilement qu'un pull et la tête passe

mieux quand le body s'ouvre sur le côté, en « portefeuille ».

- Penser en terme d'épaisseurs. Première épaisseur: le body et la couche-culotte. Deuxième: une chemise à manche longue et un collant ou un T-shirt et une jupe/un short. Dans les climats frais, on ajoute une troisième épaisseur, un gilet.
- On commence toujours par passer la tête dans l'encolure du T-shirt et du pull. Ensuite, on enfile un bras dans une manche, puis l'autre. Certains parents préfèrent habiller le bas du corps lorsqu'ils changent la couche du bébé puis prendre l'enfant sur leurs genoux et lui habiller le haut du corps. D'autres préfèrent l'habiller complètement tandis qu'il est allongé. C'est souvent plus facile pour les parents d'un premier bébé, surtout avec des vêtements simples à mettre.
- Les bonnets agissent comme d'excellents régulateurs thermiques. Ils réchauffent rapidement. À l'inverse, quand on retire un bonnet à un bébé, il se rafraîchit tout aussi rapidement. Quand vous sortez, il est donc important d'en prévoir un dans votre sac. Ensuite, en restant à l'écoute d'éventuels *hèhèhèh* ou *hoh*, vous saurez si votre bébé a trop chaud ou trop froid.
- En hiver, quand il fait froid, les moufles gardent les mains au chaud. Mais il faut rester vigilant, car elles ont tendance à tomber. Le reste du temps, elles rendent de grands services: les nouveau-nés ont parfois des ongles remarquablement tranchants qu'ils aiment approcher de leur visage, au risque de se griffer. Par ailleurs,

couper les ongles d'un tout-petit, c'est sportif et sans garantie que l'enfant ne s'éraflera pas le visage. On peut alors opter pour des moufles, disponibles en toutes sortes de matières, et en prévoir quelques paires, en cas de perte.

- Comme les bonnets, les chaussettes sont d'excellents régulateurs thermiques. Elles modifient rapidement la température corporelle d'un bébé, avec un minimum d'effort. Quand il fait froid, penser à avoir sous la main une paire de chaussettes bien épaisses pour garder les pieds du bébé au chaud. Quand les températures chutent encore plus fortement, on peut ajouter des chaussons en cuir souple.
- Linges et couvertures sont des accessoires de régulation fort utiles. Dans les climats chauds, on préfère les linges : habiller son bébé d'une couche-culotte et d'un body et l'envelopper dans un linge. Dans les climats froids, on l'habille plus chaudement : body manches longues et pantalon en polaire, par exemple, et on le couvre d'une couverture. En fonction de la température et du temps, on ajoute plus ou moins d'épaisseurs.

III.

LES MOTS DE DOUZE SEMAINES

Vous connaissez les mots des nouveau-nés et les mots développés par le bébé à partir de six semaines. Il est temps de passer à ceux des nourrissons âgés de douze semaines et plus : *guèn* pour le mal de dents, *lelaol* pour la solitude, *nah* pour la soif et *ouin* pour le débordement émotionnel (il n'est pas rare que ce dernier apparaisse bien avant la douzième semaine).

Plus un bébé grandit, plus il a besoin d'une routine structurant ses journées. Votre famille aussi ! Le langage des bébés vous aide à mettre au point cette routine. On s'adapte tous mieux quand, le ventre plein, on se sent reposé et en sécurité. Pour nos bébés, c'est exactement pareil. Vous avez passé les premiers mois de la vie de votre enfant à comprendre ses pleurs et à satisfaire ses besoins. Il est désormais prêt à s'accommoder à de petits changements dans le déroulement de ses journées parce que vous avez établi les bases d'une confiance solide entre vous deux : il a confiance en votre capacité à répondre à ses besoins.

À sa naissance, il était à la merci de ses réflexes archaïques ; sa faim dévorante, due à la fois à l'immaturité de son système digestif et à de gros besoins caloriques, ne pouvait s'exprimer qu'au travers de réflexes. Maintenant qu'il a grandi, il contrôle mieux son corps et ses postures, tandis que les automatismes physiques s'amenuisent, changent ou s'intègrent dans des mouvements plus matures. Dans le même temps, son système digestif fonctionne mieux, il mange davantage et son corps stocke davantage de réserves, sous forme de graisse notamment. En conséquence, l'intensité de ses besoins décroît un peu. Il tient plus longtemps avant d'avoir de toute urgence besoin que vous vous occupiez de lui.

À l'âge de douze semaines, le réflexe de succion s'amenuise. Votre enfant dira encore *nèh*, mais son besoin impératif, automatique, irrésistible de téter se fait plus tranquille. Il prend peu à peu le contrôle de sa réaction à la sensation de faim parce que cette dernière devient moins éprouvante. En conséquence, vous pouvez désormais légèrement espacer dans le temps les tétées ou en modifier progressivement les horaires en fonction de ce qui convient le mieux à votre famille. Il est pertinent de procéder à ces changements par étapes.

Il en va de même avec le sommeil. Les bébés de cet âge tiennent éveillés un peu plus longtemps, sans passer si brusquement de *aoh* à *ouin*. Vous pouvez doucement décaler l'heure du coucher, dans un sens ou dans l'autre, de façon à ce qu'elle s'insère plus harmonieusement dans l'organisation familiale.

Mon travail avec de nombreuses familles m'a permis de constater l'efficacité de l'approche adaptative comparée à la méthode « laisser pleurer » qui consiste à imposer strictement un horaire et une routine au bébé. Dans l'approche adaptative, on avance doucement et on acclimate progressivement le bébé aux habitudes familiales, plutôt que de le forcer à les respecter. On continue à coucher son enfant quand il dit *aoh* et à le nourrir quand il dit *nèh*, mais au lieu d'agir à l'instant où on repère ces mots, on attend un tout petit peu, soit en proposant une tétine, soit en le câlinant cinq minutes de plus. Cela ne signifie pas que vous laissez votre bébé pleurer, mais plutôt que vous encouragez le développement naturel de ses compétences d'adaptation. Plus il grandit et plus ses stratégies d'adaptation s'affinent. Sur la base de son rythme naturel et des routines existantes, vous l'aidez à modifier doucement ses habitudes vers une organisation familiale plus facile à vivre.

Maintenant que votre bébé est âgé de douze semaines, vous avez acquis une façon de faire qui vous est propre. Vous savez comment le prendre dans vos bras, comment le changer, ce qu'il aime, n'aime pas... Vous avez confiance en vos capacités à assouvir ses besoins. Dans cette troisième partie, les mots et les remèdes proposés s'ajoutent à ceux que vous trouvez déjà efficaces.

Si votre bébé vient d'avoir douze semaines et que vous ouvrez ce livre pour la première fois, je vous encourage à commencer votre lecture par les mots du nouveau-né et ceux de la sixième semaine. Il est possible que votre bébé dise encore un certain nombre de ces premiers mots. Même si ce n'est pas le cas, vous trouverez dans les chapitres précédents diverses astuces et techniques pour prendre soin de votre enfant, le calmer et l'aider à s'endormir.

11. *Guèn*: j'ai mal aux gencives

La plupart des bébés font leurs premières dents entre quatre et sept mois, mais certains commencent dès l'âge de trois mois. Quel que soit l'âge de la première percée, les effets de la poussée dentaire se ressentent (et donc s'entendent) bien avant l'apparition de cette première dent.

Certains bébés font leurs dents sans s'en rendre compte, d'autres dans la douleur. Non seulement l'expérience varie au cas par cas, mais elle change aussi en fonction de la dent : si la percée d'une dent s'accompagne d'inconfort et malaise, les deux poussées suivantes peuvent passer presque inaperçues ! Les parents ont du mal à comprendre les douleurs dues aux poussées dentaires en raison même de cette intermittence (elles vont et elles viennent). Comme l'enfant a plus de trois mois, ils pensent en avoir terminé avec la phase aiguë des pleurs et des cris et se retrouvent tout surpris quand leur petit ange souriant se remet à hurler.

La douleur ressentie au niveau des gencives pousse les bébés à vouloir frotter ou masser la zone sensible. C'est ainsi qu'ils produisent le son signifiant « j'ai mal aux gencives » ou « je fais mes dents ». Tout d'abord, ils grommellent, puis dans le stade du pré-cri vous entendez le son *guèn*. Les bébés ne ressentant qu'un malaise léger prononcent clairement le mot. S'ils ont vraiment mal, ils crieront, l'inconfort dictant la rapidité et l'agressivité du cri. Quand la souffrance se fait aiguë, le son fait de même, il sera plus aigu et poussé plus fort. Dès que vous entendez ces pleurs, il est temps de soulager votre bébé.

À quoi ressemble le mot *guèn*

Le mot *guèn* commence comme « guerre », « guêpe » et se termine comme « ancienne », « moyenne ». Pour le reproduire, on rentre les joues entre les dents du haut et les dents du bas et on étire la bouche dans une grande grimace. On peut tirer les lèvres vers l'arrière et les plaquer aux gencives en s'aidant de deux doigts. La langue recule un peu vers l'arrière et s'aplatit tout en laissant la gorge ouverte, nous permettant de respirer. À l'avant, elle touche les dents du bas. Puis on bouge la mâchoire comme si on mâchait quelque chose, comme si on voulait mastiquer l'intérieur de nos joues (pour de faux ! Nous avons des dents, pas eux !). Si on ajoute un son, on entend le mot *guèn*. Il vibre légèrement dans le nez et le long du palais. C'est le mouvement de mastication qui produit ce son, le même que lorsque le bébé s'efforce d'apaiser la gêne ressentie au niveau de ses gencives.

De plus, quand vous reproduisez le mot *guèn*, vous remarquez que vous déglutissez à moitié à la fin du mot juste avant de respirer. C'est ce qui provoque parfois le son *a* que vous entendez votre bébé ajouter après avoir dit *guèn*. Plus votre bébé est gêné, plus vous entendrez ce *a*, car plus il souffre, plus il a besoin de déglutir et de respirer entre chaque répétition du mot *guèn*. Et il n'a de cesse de le dire et de le redire ! Quand votre bébé pleure de cette façon, vous entendrez un son plus proche de *aguèn, aguèn*. Il vous indique alors un niveau de souffrance plus élevé.

La fabrique du mot *guèn*

La nourriture stimule les dents et met en mouvement la mâchoire, déclenchant le réflexe de mastication. Nous mordons l'aliment, le mâchons puis l'avalons. Le réflexe de mastication stimule aussi nos glandes salivaires qui libèrent davantage de salive, ce qui nous incite à déglutir. Chez le bébé souffrant d'une poussée dentaire, l'ensemble de ces mécanismes produit le mot *guèn*.

Depuis que votre bébé fait ses dents, vous avez probablement remarqué qu'il salive davantage. Cette salivation est produite par le mouvement de sa mâchoire, en réaction à ses gencives douloureuses. Tandis qu'il masse ses gencives l'une sur l'autre, il déclenche le réflexe de mastication activant la salivation. (C'est un peu comme grincer des dents… sans dents !) L'excès de salive force le bébé à déglutir tandis que les mouvements de sa mâchoire lui débouchent les conduits auditifs : il est possible que cela tire sur ses oreilles.

La pression d'une poussée dentaire lui fait rentrer les lèvres, lui en tire les coins vers le bas. Lèvres rentrées, il bouge la mâchoire de haut en bas pour soulager la pression sur ses gencives et aplatit sa langue. S'il s'agit d'une dent du haut, il pousse la langue vers le devant du palais. S'il s'agit d'une dent du bas, il pousse le bout de sa langue sur le bas de sa gencive inférieure, vers l'avant. Dans les deux cas, son palais et sa gorge restent libres, ouverts. À cause de la position de sa langue, le son passe davantage par la cavité nasale. Le mouvement de haut en bas de la mâchoire produit le son *guèn*.

Entendre le mot *guèn*

Quand vous entendez votre bébé pleurer le mot *guèn*, vous remarquerez probablement d'autres signes révélateurs d'une poussée dentaire : il mâchouille son doigt, une branche de ses lunettes de soleil, un jouet, voire vous-même. Si vous l'allaitez au sein, vous sentirez comme un mâchonnement, peut-être même de petites morsures. Il agit par réflexe, il ne veut pas vous faire mal ! Si cela se produit, vous pouvez remplacer votre mamelon par l'un de vos doigts ou par un jouet à mâcher.

Les poussées dentaires provoquent-elles des diarrhées, de la fièvre ? Gênent-elles vraiment les bébés ? Dans le secteur médical, sur ces points précis, les avis divergent. Certains médecins vous répondront par l'affirmative, d'autres vous affirmeront qu'un probable coup de froid, survenu pendant une poussée dentaire, aura déclenché ces symptômes. De par mon expérience, à cause de ce que j'entends dans les pleurs d'un bébé, je pense que la douleur d'une poussée dentaire dépend de chaque enfant. J'admets tout à fait qu'elle puisse être très forte. Bien sûr, certains enfants contractent une maladie pendant qu'ils font leurs dents, mais il ne sert à rien d'égrener d'hypothétiques généralités ou de spéculer sur la douleur réelle ou non d'une poussée dentaire pour tous les enfants. D'un adulte à un autre, la percée des dents de sagesse se vit fort différemment. Pourquoi en irait-il autrement avec les bébés ? Chaque individu vit sa propre expérience.

À mes yeux, une chose est sûre : quand on entend *guèn* dans les pleurs d'un bébé, c'est un signe de poussée dentaire. J'ai noté d'autres symptômes physiques accompagnant couramment ce mot. L'enfant bave, mordille, se tire les oreilles, refuse de se nourrir ou accepte par intermittence, a les joues rouges, se montre irritable, collant, dort moins bien, a des érythèmes fessiers accompagnés ou pas de selles liquides, pleure. J'ai aussi remarqué que s'il pleure *guèn* fréquemment et à grands cris, ces symptômes associés se manifestent davantage.

Chaque individu vit la douleur à sa propre façon. Elle peut s'accompagner de nausées, de diarrhées, de maux de tête et d'autres problèmes. C'est pareil pour votre bébé : il réagira à sa façon à la douleur provoquée par ses poussées dentaires. Si vous l'entendez dire *guèn*, vous trouverez ci-après (chapitre 12) des solutions qui allégeront sa gêne. Dans ces moments-là, on témoigne sa tendresse à son enfant pour le soulager et on se répète que c'est une phase comme une autre, elle ne dure pas. Notre bébé grandit, tout simplement.

12. Les solutions pour *guèn*

Le mot *guèn* dans les pleurs de votre bébé signifie qu'il commence à faire ses dents. Ce processus diffère d'un enfant à un autre et d'une dent à l'autre. Surtout lors des premières dents, sa gêne va et vient. Mais il a vraiment mal : il a besoin d'être accompagné avec tendresse dans cette étape de sa croissance. Et ça passera !

Comprendre* guèn *aide à prendre patience en attendant que ces fameuses dents percent !

Stacy est mon troisième enfant. Quand elle était bébé, j'étais plutôt en confiance, je savais comment répondre à ses besoins. C'était un bébé tout ce qu'il y a de plus ordinaire, avec une pointe de coliques vers six semaines, rien de vraiment inquiétant. Mais à quinze semaines, elle est devenue très perturbée. Elle ne faisait plus ses nuits, elle gémissait et pleurait pendant de longs moments. Comme je ne voyais aucune dent percer et qu'elle était la benjamine de la famille, avec deux grands frères très contents

> *d'avoir une petite sœur, un père complètement gaga d'elle, j'ai cru que nous la gâtions trop. Aujourd'hui, ça me fait mal d'y repenser, mais je l'ai même laissée pleurer toute seule, parce que rien ne semblait l'apaiser ! Puis j'ai appris le mot* guèn. *Soudain, la lumière s'est faite. Je me suis rappelé ma douleur quand j'ai eu mes dents de sagesse et j'ai compris celle de ma fille. C'est bizarre, mais dès que j'ai mis un nom sur le problème (et que j'ai su qu'il ne durerait pas toute la vie), le gérer est devenu plus facile.*
>
> *TERESE*

Déjà dans le ventre de la maman, les dents des bébés commencent leur développement, tels des bourgeons à l'intérieur des gencives. Généralement, elles percent chacune à leur tour, d'abord celles du milieu de la gencive du bas, puis celles du milieu de la gencive du haut et ainsi de suite, jusqu'à ce que votre enfant, vers trois ans, sourie de ses magnifiques vingt dents de lait.

La percée des dents vous offre l'occasion d'engager votre petit sur le chemin d'une bonne hygiène buccale. Il voudra mordre tout ce qui lui tombera sous la dent pour soulager sa gêne, quelle aubaine ! Vous pouvez certes lui proposer un anneau de dentition réfrigéré ou un gant de toilette, mais une brosse à dents fera aussi l'affaire. En la mâchonnant, il s'habitue à l'avoir en bouche. Une fois que ses dents auront percé, vous bataillerez moins pour les lui brosser.

Mâchonner pour soulager

L'inconfort des poussées dentaires peut être soulagé en donnant aux enfants quelque chose à mâcher. En Australie, nous leur proposons des sortes de biscottes très dures, en forme de doigt, nommées « rusks ». Rien de tel pour les calmer. Aux États-Unis, les biscuits équivalents s'appellent des « zwiebacks ». Partout ailleurs, vous trouverez dans votre supermarché des gâteaux secs de forme allongée.

Vous pouvez aussi leur offrir des anneaux et des jouets de dentition de diverses tailles, diverses formes : des mous, des durs, des striés, des lisses, des congelables... Certains vibrent ! La vibration seule aide à engourdir la zone douloureuse. Vous pouvez vous préparer à la première percée dentaire en vous procurant à l'avance une sélection de ces jouets. Votre bébé en préférera certains à d'autres, donc attendez-vous à des essais infructueux avant d'identifier celui qui lui conviendra.

Mais, en cas de percée dentaire, mon jouet favori reste la brosse à dents pour tout-petit. Le dos de la brosse à dents et surtout son manche en plastique tendre avec différentes stries permettent au bébé de bien l'attraper : à mâchouiller, c'est génial. Votre bébé apprendra très vite, grâce à la longueur du manche, à atteindre les recoins les plus éloignés de ses gencives endolories. De plus, comme ces brosses à dents ne coûtent pas cher, il peut les faire tomber et les perdre, ce n'est pas grave. Il les adoptera à température ambiante comme passées au congélateur. Enfin, sans le savoir, il prend l'habitude de manier une brosse à dents, ce n'est pas rien !

Le gant de toilette ne sert pas qu'à la toilette. Les bébés adorent en mâcher les coins. Vous en augmenterez l'efficacité en le congelant, mouillé ou sec puis en le proposant à votre bébé à tout instant et non juste quand vous le lavez. Vous pouvez aussi le remplir de glaçons et le fermer en le nouant. Le froid aide à endormir les gencives tandis que la glace pilée les lui masse.

Vous pouvez congeler des tétines, des brosses à dents et même des cuillères. Il est préférable de vérifier que la tétine ait été conçue pour ; s'il s'agit d'une tétine standard, il vaut mieux ne pas la laisser trop longtemps au congélateur. Si elle vous semble craquelée ou fissurée au moment de l'utiliser, n'hésitez pas à la jeter à la poubelle. Les cuillères pour bébé soulagent elles aussi parfaitement les douleurs dentaires, parce qu'elles sont plus épaisses et plus souples que les cuillères normales. Ceci dit, j'ai vu plus d'un bébé préférer le manche d'une bonne vieille cuillère en métal quand il commençait à faire ses dents.

Quand on congèle un jouet ou une cuillère en plastique (même un anneau de dentition), on vise un rafraîchissement, un contact froid et donc une consistance encore molle, plutôt qu'un jouet congelé dur comme le roc. Les petits sacs de dentition permettent d'utiliser des morceaux de fruits congelés, des bananes par exemple et débarrassent de l'inquiétude de voir un enfant avaler quelque chose de trop gros. Quand on propose un jouet (ou quoi que ce soit d'autre) congelé à un bébé, il est utile de vérifier qu'il ne soit ni troué ni abîmé et ne présente pas de risque d'être avalé.

Un ours qui «fait les crocs»

Mon petit de trois mois mâchait tout ce qui lui tombait sous la dent, mais il était trop petit pour une biscotte ou une brosse à dents, alors je lui ai congelé son ours en peluche. Il adorait le mâchonner! Le rembourrage de l'ours l'aidait à masser ses gencives tandis que le froid endormait la douleur.

TINA

Autres problèmes de percée dentaire et solutions

Les gels dentaires existent depuis des années. Il s'agit d'une substance gélifiée que l'on applique en très faible quantité directement sur les gencives du bébé. Ils anesthésient la zone imprégnée. En général, ils ont si mauvais goût que certains bébés les refusent. Mais si vous choisissez cette méthode, il est important de choisir un gel sans benzocaïne.

Quand la douleur est très forte et que le bébé a de la fièvre, certains médecins prescrivent du paracétamol ou de l'ibuprofène. Vous devez consulter votre pédiatre et discuter avec lui de cette option, car il saura vous orienter au mieux. Si sa fièvre monte fortement ou si vous pensez qu'il est malade, mieux vaut demander l'avis d'un médecin, surtout avec les enfants en bas âge.

> ***Demander de l'aide, ça aide***
>
> *Je m'étais juré de ne jamais donner de médicament à mon bébé. Mais ma fille Steph a pleuré pendant trois longues nuits de suite! Un ami médecin m'a convaincue de la soulager avec un peu d'antidouleurs. Je n'étais pas complètement sûre que Steph en avait besoin, mais dès que j'ai entendu le mot* guèn, *j'ai su qu'elle passait un mauvais moment avec sa percée dentaire et je lui en ai donné. Quelle différence! La nuit suivante, nous avons tous dormi. Le lendemain, elle allait un peu mieux. Parfois, une bonne nuit de sommeil fait du bien à tout le monde.*
>
> *GLORIA*

À force de saliver et de baver, il est possible que votre bébé développe des rougeurs sur le visage. Quand il bave, il vaut mieux alors le sécher en lui tapotant doucement le menton plutôt qu'en le frottant, car il a la peau fragile. Si les rougeurs posent problème, on peut aussi protéger la peau de l'humidité en appliquant une crème à base de lanoline ou de vaseline.

Chez certains bébés, les poussées dentaires provoquent des érythèmes fessiers. D'après certains pédiatres, les deux problèmes sont liés. Pour mon fils, c'était clairement le cas. À la seconde où je détectais ses fesses rouges, je savais qu'il prononcerait sous peu le mot *guèn* et manifesterait les symptômes d'une percée dentaire. Quand l'érythème s'installe, il est très important de changer les couches régulièrement et d'appliquer une couche de crème protectrice sur les fesses du bébé (voir le chapitre 10 sur les solutions pour les érythèmes fessiers).

À peine installé dans une routine du sommeil qui nous permet à tous de dormir des nuits complètes, il est particulièrement frustrant d'être de nouveau réveillé en pleine nuit parce qu'une douleur dentaire gêne notre enfant. Malheureusement, percées dentaires et réveils de nuit vont de pair. Les adultes aussi dorment mal quand ils ne vont pas bien. Les bébés ne savent pas encore comment se rendormir sans notre aide et leur cycle de sommeil est plus court que le nôtre. Un rien les réveille et ils sont perturbés par leurs gencives gonflées. Si au réveil, votre bébé dit *guèn*, alors vous savez qu'il a besoin d'une bonne dose d'attention et de soin. Vous savez aussi qu'il traverse une phase temporaire, ce qui devrait vous aider à évacuer la frustration de devoir vous lever au milieu de la nuit. Parfois, il suffira que vous l'aidiez à se rendormir. D'autres fois, il aura besoin de plus de réconfort pour soulager son malaise.

Guèn ***aide à comprendre les symptômes***

Je remercie le ciel pour le mot guèn. *Quand ils font leurs dents, mes enfants deviennent hyper collants. Avant, je m'inquiétais: étaient-ils malades? Qu'est-ce qui pouvait bien clocher? Le mot* guèn *replace tout dans le contexte. Maintenant, je sais l'associer à d'autres symptômes spécifiques aux percées dentaires: mes enfants bavent ou ont les joues rouges. Je comprends ce qui se passe et je m'inquiète moins. C'est plus facile de leur donner l'attention supplémentaire dont ils ont besoin. Je sais ce qu'il faut faire.*

TABITHA

Pendant les poussées dentaires, les bébés se cramponnent généralement davantage à leurs parents. Vous pouvez vous attendre à ce que votre enfant affiche une instabilité généralisée. Il est courant qu'il demande vos bras à tout moment puis exprime son malaise quand vous le prenez. Quoi que vous fassiez, vous avez l'impression de ne pas réussir à le calmer? Tout va bien: il exprime juste son inconfort. Rester à ses côtés, l'écouter, le rassurer, voilà ce que vous pouvez faire de mieux. Si vous détectez *guèn*, vous saurez qu'il exprime un malaise généralisé à cause d'une poussée dentaire. Il a juste besoin de savoir que vous êtes là.

13. *Lelaol* : je me sens seul(-e)

Ce son a quelque chose de quasi universel chez les mammifères souffrant de solitude. Dans les grandes lignes, il signifie : « Où est ma meute/ma bande/ma famille/maman ou papa ? » On décèle une variante assez proche de ce son dans les miaulements d'un chat ou le gémissement d'un chien. Le bébé le prononce quand il a besoin de davantage d'interaction directe et de marques d'affection.

Les réflexes à l'origine de ce son m'intéressent d'autant plus qu'ils brouillent les lignes entre les domaines émotionnels et physiques. En toute apparence, le besoin d'interaction sociale semble de dimension émotionnelle, mais pour le nourrisson, c'est aussi un besoin d'ordre biologique. Il a un besoin primaire de se sentir entouré d'adultes attentifs – dans le monde primitif, les bébés laissés seuls étaient confrontés à une mort certaine. Les bébés sont donc naturellement programmés pour désirer la proximité physique des adultes. Les chercheurs l'ont prouvé : ils ont mesuré une différence hormonale significative entre les bébés câlinés, pris dans les bras et ceux qui ne le sont pas, notamment des bébés orphelins au Vietnam ou en Roumanie. Bien sûr, dans votre foyer, votre bébé ne manquera jamais de contact à un niveau comparable à celui de ces petits orphelins. Mais il réagira tout de même instinctivement s'il se sent seul. Un système de réflexe automatique s'activera et l'aidera à retrouver de la compagnie.

Vous auriez tort de penser que *lelaol* est un mot rarement prononcé dans nos sociétés, où les enfants semblent occuper le centre du monde. En réalité, je l'entends davantage en Occident qu'ailleurs. En France notamment, nous avons tendance à coucher nos bébés dans des lits séparés, dans des chambres séparées. Nous les nourrissons dans des chaises hautes, les transportons dans des poussettes (souvent ils nous tournent le dos) et les déposons dans des parcs à bébé quand ils sont réveillés. Nos vies sont tellement remplies qu'il est difficile de trouver du temps pour les prendre dans nos bras, tout simplement, de s'offrir un toucher direct, peau à peau, face à face, plutôt qu'une interaction éducative via un jouet ou un livre de reconnaissance des couleurs. Parfois, ils ont juste besoin d'un câlin, de nous regarder les yeux dans les yeux. Pourquoi ne pas s'accorder le plaisir élémentaire de se découvrir l'un l'autre peu à peu par l'odeur, le toucher, le visage, le regard ? Comme nous, ils ont simplement besoin d'une présence rassurante, de tendresse.

En cas de dépression post-partum, les mères sont parfois incapables d'interagir de cette manière avec leur bébé. Même si elles parviennent à prendre soin de leur nourrisson du point de vue physique, c'est-à-dire à changer les couches, donner le biberon, par exemple, elles ne croisent pas son regard, ne le câlinent pas. Sans contact les yeux dans les yeux, sans caresses et cajoleries, le bébé donnera des signes de perte d'attachement[1].

Les enfants qui manquent d'attention émotionnelle et physique sont plus exposés aux problèmes comportementaux, émotionnels et relationnels. Les études montrent que s'ils grandissent dans un environnement pauvre en contacts physiques et en connexions émotionnelles, ils ont des niveaux plus élevés de cortisol, l'hormone du stress. Leurs niveaux d'ocytocine et de vasopressine (hormones corrélées aux interactions sociales et émotionnelles positives) varient eux aussi. Huit mois d'orphelinat suffisent : de telles différences perdurent chez les enfants plusieurs années après qu'ils ont été adoptés par une famille chaleureuse et aimante.

Pour toutes ces raisons, *lelaol* est un mot très important. Il nous permet de questionner nos habitudes et de replacer l'enfant au centre de nos routines. Mettons-nous davantage au diapason de ses besoins. Quand bébé prononce le mot *lelaol*, il dit qu'il a davantage besoin de se sentir partie prenante de notre monde. Peut-être vous suffira-t-il de modifier vos positions respectives pour qu'il voie ce que

1. En anglais, « disattachment » (désattachement). (*NdT*)

vous faites, de lui parler davantage ou de lui offrir un long câlin.

À quoi ressemble le mot *lelaol*

Les pleurs *lelaol* sonnent comme des soupirs, un peu comme les « miaous » d'un chat en manque de grattouilles. *Lel* comme dans « parallèle », « l'aile », *laol* comme dans « laotien », « l'aorte ».

Pour reproduire le son, on soupire en ajoutant de la voix. Comme votre bébé n'a pas de dent, ce soupir soulève sa langue et la fait papillonner. Cela crée le son *lel*. On continue à soupirer et à donner de la voix en détendant la langue et en ouvrant la bouche, presque jusqu'au bâillement, puis on referme la bouche. Cette deuxième partie du mouvement produira le son *aol*, qui, ajouté à *lel*, crée *lelaol*.

On entend très rarement ce mot lors d'une violente crise de larmes. C'est un pleur plutôt plaintif. *Lelaol* ne signifie pas que votre enfant est triste. Il se demande juste où vous êtes et exprime son besoin d'interagir avec vous.

La fabrique du mot *lelaol*

Cet appel primaire est sous le contrôle de réflexes qui influent sur le système endocrinien du bébé, ces glandes qui régulent les hormones dans le sang.

Chez les adultes comme chez les nourrissons, le système endocrinien sécrète plus ou moins d'hormones en fonction du niveau de stress, de bonheur, de la qualité de notre sommeil, de l'agressivité à laquelle nous sommes exposés, de notre habileté à gérer des situations nouvelles et surtout de combien nous nous sentons aimés, entre autres facteurs. Les scientifiques ont aussi prouvé que les contacts physiques et les interactions affectives ont un impact sur le système endocrinien.

Un bébé qui se sent seul stresse. Son système endocrinien réagit à ce stress en ajustant les niveaux d'insuline et d'adrénaline, ce qui modifie le corps en tant qu'instrument vocal : il s'amollit, s'avachit. De tout petits mouvements du diaphragme suffisent pour expulser l'air nécessaire pour ce cri, qui mobilise très peu la gorge et la langue. Ces petits mouvements s'entendent dans la note plaintive de *lelaol*.

Nous connaissons les pouvoirs des hormones sur notre voix. Certaines maladies thyroïdiennes la modifient. Il n'est pas surprenant que *lelaol* sonne différemment des autres pleurs parce qu'il est piloté par le système endocrinien.

Entendre le mot *lelaol*

La plupart du temps, quand vous entendez *lelaol*, soit vous êtes plongé dans une tâche, soit vous promenez votre bébé dans une poussette d'où il ne peut vous voir, soit vous avez été un peu plus distant physiquement et émotionnellement que d'habitude. Nous oublions très facilement que le monde d'un bébé se restreint à ce qui lui est présenté. Même s'il est allongé dans son berceau et que vous pliez du linge à proximité, il ne voit que le mobile accroché au-dessus de sa tête.

Avant un cri *lelaol*, votre bébé est en général silencieux. Comme pour les autres pleurs, il poussera d'abord un pré-cri. Plus il se sentira seul, plus son cri augmentera en puissance.

Heureusement, on apaise les pleurs de type *lelaol* très simplement : il suffit de prendre le bébé dans ses bras, de le câliner tendrement, les yeux dans les yeux. Si vous entendez régulièrement le mot *lelaol*, c'est un signe que votre bébé a besoin de davantage d'interaction physique avec vous.

14. Les solutions pour *lelaol*

« Où est mon clan, mon groupe, ma tribu, ma meute ? » Traduire *lelaol* m'a donné du fil à retordre. Nous éprouvons tous un désir instinctif, primitif de faire partie d'un groupe. Nous sommes des animaux sociaux et survivons grâce à notre participation à une structure sociale organisée. Nous nous inquiétons quand nos enfants ne se font pas de copains ou quand nous rencontrons quelqu'un qui avoue avoir peu ou pas d'amis. Nous sommes programmés pour trouver une tribu, nous insérer dans une société d'entraide, prendre soin de notre famille élargie (de sang et de cœur) et nouer des liens au travail, dans le quartier, dans la communauté.

Notre survie dépend de l'appartenance à un groupe. C'est d'autant plus critique pour les bébés. Sans la protection du clan, ils meurent. Du fait de leur mobilité réduite, nourriture, soins et protection dépendent de la meute. Ils doivent être en présence d'autrui et s'attacher à une personne garante de leur sécurité qui les aidera à grandir. Voilà pourquoi ils sont si mignons !

Si vous entendez *lelaol* dans les pleurs de votre enfant, il vous signale qu'il se sent exclu de la tribu et réclame davantage de contact, d'interaction personnelle. Cela signifie plus de moments de qualité, pas forcément plus en quantité. Dans de nombreuses cultures, les bébés restent au contact de leur mère, portés en écharpe ou à proximité de la personne qui s'en occupe. Dans nos sociétés occidentales, ils ont tendance à être allongés sur un tapis d'éveil ou assis dans une poussette ou un siège auto. Ils reçoivent les soins nécessaires, mais, parfois, des liens primordiaux leur font défaut. Ce manque éveille une inquiétude liée à leur survie et provoque leurs *lelaol*. Ils ne pleurent pas *lelaol* afin d'obtenir davantage de stimulation, de jeu éducatif, de distraction. Ils vous appellent parce qu'ils ont besoin de davantage d'interaction avec vous.

Pour apaiser ces pleurs, rien de plus simple: il suffit de prendre votre bébé dans vos bras et de passer un moment à échanger avec lui. Le monde dans lequel il est plongé suffit généralement à divertir un bébé. Il doit s'habituer à son corps, comprendre son fonctionnement interne et apprendre à se servir de ses membres. Il accueille le monde en lui avec son corps, il vit le monde à travers ses sens: il le goûte, le sent, l'entend et le voit.

Si votre bébé prononce souvent le mot *lelaol* et si vous ne vous sentez pas attachée à lui, il est temps d'agir. Pourquoi ne pas consulter votre médecin et lui dire comment vous vous sentez? Quand on devient parent, on traverse de nombreux moments avec le moral en berne, où on ne se sent pas relié(e) à son bébé. C'est naturel. En revanche, ces sentiments peuvent se muer en trouble plus sérieux. Parfois, un déséquilibre hormonal, le changement de vie, le manque de sommeil et des attentes déçues provoquent une grande tristesse voire une dépression post-partum. On a tous besoin de se faire aider, à un moment ou à un autre.

Comment créer du lien avec son bébé

Non seulement les bébés adorent les jeux fondés sur les sens et la relation à l'autre, mais ils en ont besoin ! Votre bébé s'impliquera dans tous les jeux éveillant ses cinq sens : il appréciera de jouer avec votre odeur, votre toucher, votre voix quand vous gazouillez à son oreille, la vue de votre visage en admiration devant lui. Un de ces sens, dominant chez lui, l'aide à se sentir encore plus relié à vous et en sécurité. On parle alors d'un sens dominant parce qu'il est lié à sa sécurité primaire : il s'en sert afin de déterminer s'il est seul ou en compagnie. Si vous connaissez le sens dominant de votre bébé, vous apaiserez ses *lelaol* plus aisément.

Dans mes recherches, quand un bébé pleure *lelaol*, j'ai remarqué qu'il se trouve souvent dans la même pièce que la personne qui s'en occupe. Dans les cafés, il est même parfois assis à côté, dans sa poussette. De toute évidence, il s'agit chaque fois d'un bébé bien portant, qui n'a pas un besoin urgent d'être nourri ou changé. Alors, pourquoi ces pleurs ? Dans mes enquêtes préliminaires, j'ai noté qu'en tournant simplement la poussette et en positionnant le bébé face à sa mère, les pleurs *lelaol* cessaient. C'est ainsi qu'ont débuté mes investigations dans la communication par le sens dominant[1]. Le sens dominant émerge dès les premiers mois après la naissance.

Comment créer du lien par la vue

Si votre bébé a besoin de vous voir afin de se sentir connecté à vous, il est préférable de choisir des modèles de poussette où vous l'installerez face à vous et de positionner sa chaise haute face à vous. Si d'autres personnes le prennent dans leurs bras, si vous voulez éviter qu'il ne s'agite, vous pouvez rester à proximité, dans sa ligne de mire. Si la nuit, il se réveille dans le noir, un bébé visuel peut prendre peur.

Voir, c'est croire

Mon bébé ne posait jamais de problème tant qu'il me voyait. Alors je l'installais dans sa poussette et je le positionnais de manière à ce qu'il me voie. Quand il était tout petit, je faisais attention de rester près de lui, mais plus

1. Voir *Child Sense*, à paraître en français en 2017 : *Le comprendre, enfin ! Identifier le mode sensoriel de l'enfant pour mieux communiquer*, aux éditions JC Lattès. (*NdE*)

il a grandi et plus j'ai pu m'éloigner. Il adorait observer le monde et tant que je faisais partie de ce monde à étudier, il était satisfait.

ELISA

À sa naissance, la vue d'un bébé ne porte qu'à vingt ou vingt-cinq centimètres devant lui. Mais souvenez-vous, la nature en a limité la portée à dessein, afin de vous aider à nouer un lien fort avec votre enfant.

Quand vous le portez dans vos bras, à environ vingt centimètres de votre visage, il peut se concentrer sur vos traits. Vous ne résisterez pas à l'envie de lui sourire et de lui retourner son regard. Et c'est la seule chose à faire. S'il détourne son regard, ne vous inquiétez pas. Il apprend à nouer un lien avec vous et peut avoir des difficultés à tenir le contact visuel plus de quelques secondes, surtout s'il est né prématurément.

Comment rester en contact visuel avec son enfant le plus souvent possible, même pendant les promenades ? Avec une écharpe de portage, un porte-bébé ventral ou une poussette face à face : ces solutions simples vous permettent de continuer en balade vos échanges de sourires et vos interactions.

Au fil du temps, la vue de votre bébé s'améliore. Il est fasciné par le vent dans les rideaux ou dans les feuilles des arbres, les ventilateurs. Il les fixera avec satisfaction pendant de longs moments. N'hésitez pas à l'emmener lors de vos déplacements de pièce en pièce. Non seulement il découvre de nouveaux endroits, mais il vous voit tandis que vous vous affairez dans la maison.

Quand vous jouez avec lui, vous remarquerez qu'il adore les objets de couleurs et formes contrastées. Sa vue se développe et il peut désormais suivre des yeux un objet en mouvement. Il aime les mobiles et les petits jouets aux dessins noirs et blancs, mais rien ne sera jamais aussi intéressant que votre visage et celui de ses proches.

Comment créer du lien par l'ouïe

Le son préféré de votre enfant ? Votre voix. Vous pouvez lui parler, lui chanter, lui gazouiller tout ce que vous voulez, autant que vous voulez, le plus souvent possible. Certains bébés sont parfaitement heureux tant que vous leur parlez, ce qui a l'air a priori simple, mais peut demander un investissement personnel conséquent. Si vous ne vous sentez pas bavarde par nature, si vous êtes seule la plupart du temps avec le nourrisson ou si vous traversez une phase de baby blues, vous aurez du mal à parler à voix haute tout le temps. Vous pouvez raconter à votre enfant ce que vous êtes en train de faire, pourquoi vous le faites : votre bébé comprend bien plus qu'on ne peut imaginer. Lui parler sera plus facile si vous croisez son regard de temps à autre, d'où l'intérêt de le positionner face à vous. Vous pouvez aussi vous aider de livres et de chansons. Parfois, il est plus simple de lire un livre à voix haute que de parler à un bébé. Tout simplement, cela aide votre enfant à créer une relation forte avec vous.

Comment je me suis habituée à parler à voix haute à mon bébé

Quand j'ai eu ma fille, je passais la plupart de mes journées seule avec elle. Mon mari rentrait tard du boulot. Très vite, je me suis rendu compte que je n'ouvrais pas la bouche de la journée, sauf au téléphone. Quand je m'occupais de ma fille, cela me faisait bizarre de parler à quelqu'un qui ne pouvait pas me répondre. Mais j'ai commencé à me forcer, à lui expliquer ce que je faisais, pourquoi je le faisais. Effectivement, ses pleurs lelaol *ont diminué. Maintenant, si elle dit* lelaol, *je sais que je dois lui parler davantage.*

Abigail

Votre bébé a besoin de se concentrer sur votre voix. Pour l'aider, il est pertinent d'éviter les bruits d'une radio ou d'une télévision allumées en arrière-plan. Je suis fascinée par le réflexe que nous avons tous, adultes, quand nous parlons à un bébé : notre voix chante et nous babillons sur un ton plus élevé. Nous avons donc une connaissance innée, primitive, du type de voix que les bébés préfèrent entendre !

Si votre bébé répond mieux à une présence auditive réconfortante, il aura besoin de vous entendre même s'il vous voit. Tant que vous continuez à lui parler, vous pouvez quitter son champ visuel pendant de courts instants

Le réflexe de défense des bébés est très affuté. En cas de bruit fort et soudain, ils sursautent et crient. Il est donc pertinent d'augmenter progressivement sa puissance sonore quand on parle avec un bébé. On peut enclencher la conversation dès que l'on franchit la porte de sa chambre. Il aimera le son des cloches, des chants d'oiseaux et la musique, surtout si on joue avec ces sons. Par exemple, on peut lui chatouiller le dos en écoutant du Mozart, le bercer au tempo de notre chanson préférée des Beatles, on peut approcher notre visage du sien, lui sourire, puis grimacer en agitant une clochette... Mais la règle de base reste : à environnement calme, bébé calme. Ce n'est pas en écoutant des adultes se disputer à la télévision ou un concert de heavy metal que vous aiderez votre bébé à se sentir en sécurité.

En grandissant, votre bébé se met à émettre des bruits. Vous pouvez copier son babil, ses areu. Non seulement vous lui procurez un plaisir sans fin, mais vous l'aidez dans son acquisition du langage.

Comment créer du lien par le toucher

Certains bébés ont besoin d'une approche plus tactile. Ils se sentent davantage reliés à vous quand vous les portez ou les touchez. Vous voir ne leur suffira pas. Votre voix douce ne leur offrira qu'une piètre compensation. Ces bébés veulent être portés tout le temps. Pour un parent fatigué, c'est très éprouvant !

Pour certains, il n'y a que les câlins qui marchent

Quand j'ai commencé à travailler avec Priscilla, j'étais exténuée par les pleurs constants de mon bébé. Avec elle, j'ai vite compris qu'il se sentait en sécurité à mon contact physique. Dès que j'ai appris le mot lelaol, *alors j'ai su quoi faire : je le calme et le rassure en le prenant dans mes bras un moment. Avant, je m'épuisais à vouloir le nourrir ou le divertir. Mais Priscilla m'a fait comprendre que tout ce qu'il veut, c'est un câlin.*

NADINE

Dans notre civilisation occidentale, il est surprenant de constater que l'on touche très peu nos bébés. On les déplace du berceau au parc, du parc à la poussette, de la poussette au siège auto, du siège auto au transat et hop, retour au lit. Or les bébés aiment notre toucher. De nombreuses études ont prouvé que le manque de contact physique engendrait des conséquences néfastes. En investissant dans une écharpe de portage ou un porte-bébé frontal, non seulement vous gardez votre bébé proche de vous, de votre chaleur, votre odeur, des battements de votre cœur et des mouvements de votre respiration, mais vous avez les mains libres pour faire ce que vous avez à faire.

N'hésitez pas à prendre votre bébé et à le serrer dans vos bras le plus souvent possible, à jouer à des jeux fondés sur le toucher – par exemple, le grand classique : « Do ré mi fa sol la si do, gratt'-moi la puce que j'ai dans le dos, si tu l'avais grattée plus tôt, elle ne s'rait pas montée si haut. » En chantant, on mime avec les doigts une bestiole parcourant le corps du bébé de bas en haut. Plus votre enfant grandira, plus ce type de jeu le fera sourire, puis rire.

Les massages renforcent l'immunité, alors pourquoi ne pas en inclure un dans le rituel de l'après-bain, voire même avant le bain si votre bébé est un petit gigoteur ? On l'installe sur une serviette et on lui masse le dos, les jambes, les bras et le ventre. Inutile de s'inquiéter d'une séquence particulière à suivre, de se demander si on « fait bien ». On touche son bébé, c'est tout. Chaque bébé réagit différemment et appréciera un niveau spécifique de pression appliquée, de durée du mouvement. Pour certains, le massage le plus long ne dépassera pas la minute, alors que d'autres ne bougeront pas et se laisseront masser pendant dix minutes (reportez-vous au chapitre 8 pour les bases du massage).

Certains bébés, comme mon fils, refusent d'être déposés sur une serviette et préfèrent rester dans les bras tout le temps. Dans ce cas, particulièrement éreintant pour la figure d'attachement principale, mieux vaut se faire aider le plus possible. Rappelez-vous : votre enfant exprime son besoin d'être rassuré physiquement. Il s'agit de sa préférence personnelle. Peut-être aurez-vous la chance d'être le seul et unique parent dont l'ado acceptera une caresse sur la joue à l'entrée du collège !

Votre odeur aussi est importante

Votre odeur aide à créer une relation forte entre vous et votre bébé. Il est préférable de ne pas la masquer avec un savon très parfumé et d'éviter le patchouli ou tout autre parfum. Votre bébé aime votre odeur naturelle. Elle le rassure. Si vous êtes sa mère biologique, il a grandi à l'intérieur de vous. Il connaît votre odeur corporelle, pas votre parfum. Si vous êtes ses parents adoptifs ou son père biologique, il vous reconnaît à votre odeur naturelle. Il aime le contact peau à peau, quand vous retirez votre chemise et que vous le portez nu, vêtu de sa seule couche, contre vous. À vous d'en profiter en insérant ce type de contact le plus possible dans vos routines, au-delà du moment où vous le nourrissez.

15. *Nah* : j'ai soif

Quand votre bébé a soif, parmi ses pleurs, vous entendrez le son *nah*. Il le prononcera fréquemment si vous habitez en zone climatique chaude ou en hiver, quand le chauffage est allumé. Il le dira aussi s'il a de la fièvre.

Pour notre santé, l'eau est notre aliment le plus précieux. Elle transporte les nutriments dans notre corps, le débarrasse de ses déchets, les dilue avant excrétion et régule notre température. Reconnaître un bébé en manque d'H_2O, voilà un atout indéniable.

Quand notre organisme manque d'eau, nos glandes salivaires produisent moins de salive. Nos bouches s'assèchent. Cette sécheresse provoque la sensation de soif. Chez un bébé, la soif s'installe quand le taux de sel sanguin se modifie. Son cerveau réagit en envoyant des messages à la bouche et à la gorge, excitant la soif. Il a la même sensation de bouche sèche qu'un adulte – cette sensation qui indique qu'il nous faut boire. Avec sa langue, il répartit la salive et humecte sa bouche. Ce mouvement de langue est à l'origine du son *nah*.

Pour hydrater un bébé, doit-on lui donner de l'eau ou augmenter la quantité de lait ? La réponse est largement culturelle. En fonction du pays où vous habitez, le mot *nah* suscite des réactions et solutions très différentes. Dans certains pays, les pédiatres pensent que l'on peut donner de l'eau à des nouveau-nés. Dans d'autres, il ne faut surtout pas leur en donner. Ailleurs encore, leur avis sera plus nuancé et on pourra donner de l'eau « en quantité limitée, après quatre mois ». Pour ce livre, je prendrai ce dernier point de vue, qui est en général celui des médecins américains. En général, tout le monde tombe d'accord pour éviter de donner de l'eau à un bébé de moins de quatre mois. Votre pédiatre vous conseillera au mieux, en fonction de ce qui convient à votre bébé.

À quoi ressemble le mot *nah*

On entend le mot *nah* dans « nacre » ou « journal ». Il commence comme *nèh*, ce qui tombe sous le sens puisque les besoins exprimés sont proches. Mais les bébés indiquent rarement autant de détresse en pleurant *nah* que quand ils pleurent *nèh*, notamment parce qu'ils sont en général un peu plus âgés quand ils commencent à dire *nah*, mais aussi parce que la sensation de soif s'installe plus progressivement que celle de faim.

Le pré-cri de *nah* sonne très clairement : *nah, nah*. Vous remarquerez la langue de votre bébé : elle glisse d'avant en arrière sans produire le mouvement de succion propre au mot *nèh*.

La fabrique du mot *nah*

À l'intérieur de la bouche sèche du bébé, le mouvement de la langue associé à une vibration vocale produit le son *nah*. Ce mouvement commence comme un mouvement de succion, mais la langue s'arrête à mi-chemin derrière les gencives du haut et redescend directement. Pour reproduire le son *nah*, imaginez que vous voulez hydrater l'intérieur de votre bouche quand elle est sèche. Vous remarquerez que le bout de la langue frotte le palais au niveau de l'arrière des dents du haut en même temps que la langue recule. Elle forme une sorte de coupe et vous sentez une incitation naturelle à déglutir, parce que les glandes salivaires ont produit plus de salive. Pendant que vous avalez, la langue bouge le long du palais jusqu'à heurter l'arrière des dents du haut, puis descend et recule. Si vous activez la voix pendant ce mouvement, vous obtenez le mot *nah*.

Entendre le mot *nah*

Il est très simple de réagir à un *nah* si vous allaitez votre bébé au sein. Il suffit de lui proposer le sein.

Votre lait répondra à ses besoins en hydratation. Le lait maternel contient assez d'eau et votre corps sait en ajuster la consistance en fonction des besoins du nourrisson. Un *nah* peut aussi signifier que votre bébé demande juste une tétée rapide pour satisfaire sa soif. Si vous le savez à l'avance, vous craindrez moins de ne pas le nourrir assez.

Les bébés de plus de quatre mois allaités au biberon et ceux qui vivent en climat chaud ont parfois besoin de boire de l'eau en plus de leur lait maternisé. Contrairement au lait maternel, le lait maternisé contient la même quantité de sels minéraux et possède exactement la même densité à chaque biberon (en supposant que vous le préparez selon les instructions du fabricant). Il est naturel que votre bébé ait parfois besoin d'un peu plus d'eau. Vous le saurez en distinguant *nèh* de *nah* dans ses pleurs : s'il pleure *nèh,* il a faim ; s'il pleure *nah,* il a soif.

Cette distinction est très importante pour les bébés allaités au biberon. Fini la devinette : a-t-il faim ou soif ? La faim et la soif sont deux besoins différents que l'on résout différemment avec les bébés nourris au biberon. En comprenant le besoin de leur enfant, les parents savent comment y répondre et augmentent leur confiance en leur habileté à s'occuper de lui.

16. Les solutions pour *nah*

Le mot *nah* est celui de la soif. Il fait partie de la même famille que *nèh*, le mot de la faim. Au départ, surtout jusqu'au quatrième mois du bébé, les solutions pour *nah* sont les mêmes que pour *nèh*. Mais le mot *nah* a d'autres usages très utiles, que les bébés soient nourris au lait maternel ou au lait maternisé. Notamment, ce mot rassure les parents quand, lors d'une journée particulièrement chaude, il faut casser la routine des tétées et donner plus de lait que prévu à leur bébé : ils savent que leur enfant ne réclame pas plus de lait pour rien !

Le langage des bébés : un langage partagé

Nous habitons dans une région très chaude. Ma grand-mère, originaire de Hong Kong, ne parle pas anglais. Elle redoutait toujours que mon bébé ait de la « fièvre ». En médecine traditionnelle chinoise, la « fièvre » ne se réfère pas à une température corporelle élevée, mais à la chaleur véhiculée par les méridiens énergétiques corporels. Ma grand-mère voulait que ma fille de quatre mois et demi boive beaucoup d'eau alors même que mon pédiatre m'avait conseillé de ne lui donner que de très petites quantités d'eau, si elle avait très soif. Dès que j'ai pu expliquer à ma grand-mère ce qu'il fallait écouter dans les pleurs de ma fille, nos disputes ont cessé. Si Mamie entendait nèh*, elle savait que ma fille avait faim. Si elle entendait* nah*, elle pouvait lui donner un petit peu d'eau. La vie est devenue plus facile, même dans une maison bilingue.*

Mo Ne

Chaque bébé diffère d'un autre et naît dans une famille, une culture et un environnement différents. J'ai travaillé avec des bébés dans le monde entier et j'ai tendance à relayer les avis des docteurs locaux, dans chaque pays, pour tout ce qui concerne les bébés de ce pays. Je suis convaincue que leur expertise dans leur propre environnement est plus précieuse et plus appropriée que les diktats importés d'un pays étranger.

Le sein, le biberon et *nah*

Les mères allaitantes apprécient le mot *nah* parce qu'il leur permet de savoir qu'elles ont besoin de boire plus d'eau. Le lait maternel ne peut être fabriqué qu'à partir de la matière première disponible dans le corps de la maman. Si vous manquez d'eau, votre lait est plus concentré. D'autres signes vous alertent d'une éventuelle déshydratation : un réflexe d'éjection moins fort pendant les tétées, moins de fuites dans votre soutien-gorge ou bien vous constaterez que votre bébé a besoin de téter plus fort pour que le lait vienne. Si vous tirez votre lait, vous remarquerez que vous en obtenez moins et que la consistance est plus crémeuse que liquide.

Autres signes : une urine un peu plus sombre dans les couches, plus de temps entre deux changes, des selles moins liquides, plus sèches. Un bébé qui doit faire plus d'effort pour déféquer.

Si l'urine de votre enfant est très sombre ou dégage une odeur inhabituelle, si vous lui changez nettement moins fréquemment les couches, alors consulter votre pédiatre sera la meilleure option.

Vous pouvez faire un effort particulier et vous assurer de boire plus d'eau, notamment entre les tétées, pour remplacer la quantité de liquide que vous donnez à votre bébé. Vous aurez probablement besoin de boire plus que vous ne croyez nécessaire. J'aime ce vieux dicton : « Un verre (d'eau) pour le bébé, un verre pour vous, un verre pour votre corps. » Il est utile d'avoir toujours à portée de main une bouteille pleine d'eau quand on allaite.

Même si je dois répéter une évidence, si vous nourrissez votre bébé avec du lait maternisé et qu'il dit fréquemment *nah*, alors vous pouvez vérifier les instructions sur la boîte du lait en poudre. Il arrive qu'un parent en manque de sommeil se trompe en lisant la notice et suive les mauvaises instructions, par exemple celles correspondant à un bébé plus âgé. À moins qu'il n'ait changé de lait et oublié de prendre en compte les nouvelles instructions. Pour être sûr de ne pas se tromper, il vaut mieux vérifier.

Inspecter l'environnement

Bébé emmitouflé et pièce surchauffée

Je craignais que mon bébé prenne froid alors je l'ai emmitouflé et j'ai laissé le chauffage allumé. Je l'entendais souvent dire hèhèhèhèh *me signalant qu'il avait chaud, mais je n'ai compris pourquoi il réclamait le sein que quand je l'ai entendu dire* nah. *Il n'avait pas faim, il avait juste trop chaud et il avait soif!*

JACQUELYN

Si votre bébé vous dit fréquemment *nah*, il est fort probable qu'il soit dans une pièce trop chauffée, en tout cas pour lui. Je ne parle pas juste des bébés vivant sous les tropiques. Au milieu de l'hiver le plus rigoureux, n'importe quelle maison bien chauffée peut nous donner soif, à nous aussi! Pour aider votre enfant, vous pouvez soit baisser le chauffage, soit lui retirer un vêtement.

Souvent, on oublie qu'il peut faire très chaud dans une voiture. Le chauffage fonctionne à plein régime ou le soleil tape sur les vitres. Enveloppé dans un cocon, son siège auto, le bébé a encore plus chaud que le conducteur. Lors de mes recherches, sur le terrain, les bébés prononçaient le mot *nah* le plus souvent dans la voiture, notamment dans les climats froids.

Si vous vivez dans un pays au climat tropical ou même à New York en plein été, la chaleur vous assoiffe, votre bébé comme vous ! Restez tous deux au frais autant que possible, et s'il est nécessaire de sortir, il est fondamental de le protéger du soleil, car sa peau fragile brûle facilement.

Dans le chapitre 15, nous avons vu que les bébés de plus quatre mois (ou vivant dans un climat chaud) nourris au lait maternisé peuvent parfois avoir besoin de boire de l'eau en plus de leur lait. Il est préférable de ne leur en donner qu'une petite quantité. En cas de *nah*, quelques gorgées suffisent, surtout s'ils sont nourris exclusivement au lait – s'ils ne consomment pas encore d'aliments solides. L'eau n'est pas censée remplacer une tétée, mais satisfaire leur soif. Vous ferez la différence entre la faim et la soif en détectant *nèh* ou *nah* dans leurs pleurs. Vous entendrez probablement *nah* plus souvent si vous et votre enfant habitez un endroit chaud ou sec, qu'il s'agisse de la température extérieure ou de celle de votre thermostat.

Une histoire d'environnement et d'adaptation

Pour moi, le mot *nah* a pris tout son sens en Thaïlande, tandis que j'y étudiais les pleurs des nourrissons. J'avais déjà entendu ce son, j'en connaissais la signification. Mais je n'en ai vraiment compris l'importance qu'en Asie du Sud-Est, où je suis arrivée en été, en tant que représentante d'une marque de produits pour bébés. J'ai passé ma première semaine à filmer des nouveau-nés, leurs parents et des pédiatres. Je portais un tailleur, j'étais maquillée, j'avais épouvantablement chaud dans la torpeur moite, sous le feu des projecteurs. Les bébés non plus n'étaient pas très à l'aise. J'ai remarqué qu'ils disaient *nah* et non *nèh*, ce qui demande un mouvement différent de la langue. Je savais qu'il n'y avait aucune raison physiologique à leur *nah* parce que les bébés ont les mêmes réflexes partout dans le monde.

J'ai décidé d'y regarder de plus près et, pendant les dix-huit mois suivants, j'ai réalisé plusieurs expériences dont j'ai tiré la conclusion suivante : les bébés ont les mêmes réflexes et, dans des conditions équivalentes, disent par automatisme les mêmes mots, mais l'environnement dans lequel ils vivent influe sur le réflexe dont ils ont le plus besoin. En Thaïlande, où il fait presque toujours chaud et humide, la soif est leur priorité. Pour les bébés nourris au sein, la solution pour la soif est identique à celle de la faim : on leur donne le sein.

C'est pourquoi les bébés thaïlandais allaités au sein que j'ai observés cet été-là ne disaient presque jamais *nèh*. Ils disaient *nah*, la soif étant leur priorité. Par défaut, on les nourrissait en même temps que l'on étanchait leur soif.

Mes recherches ont montré que les pleurs instinctifs des bébés thaïlandais allaités au biberon changeaient : comme on répondait à leurs *nah* en leur donnant de l'eau et à leurs *nèh* avec un biberon de lait, ces bébés ont développé une formulation nettement différente pour la soif (*nah*) et pour la faim (*nèh*).

Attention aux maladies

En général, un bébé qui dit *nah* a juste soif. Cependant, parfois, la soif dissimule une maladie. Si vous entendez souvent ce mot dans la bouche de votre enfant, il vaut mieux y regarder de plus près, surtout si votre intuition vous a alerté.

Les bébés souffrant de jaunisse (ou ayant des antécédents de jaunisse) tendent à dire *nah* plus fréquemment. Si votre petit a de la fièvre, il a toutes les chances d'avoir soif et de dire *nah*.

L'eau dans le corps aide à la régulation de la température. Pour baisser notre température corporelle, nous avons besoin de plus d'eau, surtout quand nous transpirons. Température élevée, coups de chaud, autant de problèmes à ne pas négliger : quand un bébé semble malade ou a de la fièvre, appeler un pédiatre.

Pendant leurs poussées dentaires, les bébés bavent beaucoup et perdent de l'eau qui doit être remplacée. Les médicaments antidouleurs produisent aussi parfois une sensation de bouche sèche, source de *nah*. Comme les autres, ce mot est généré par un réflexe physique et non par une pensée consciente. Tout ce qui assèche la bouche – le bébé aura donc besoin d'eau – produira un *nah* dans les pleurs de votre bébé.

Autres signes de déshydratation

D'autres signes indiquent la soif. Si la fontanelle de votre enfant (cet endroit un peu mou, sur le haut de son crâne) est en creux, alors il a besoin de boire plus. Autre signe, s'il verse moins de larmes, alors il est déshydraté et dira *nah*. En effet, si à la naissance, les canaux lacrymaux ne fonctionnent pas encore, vers six mois environ, vous remarquerez des larmes accompagnant les pleurs de votre bébé. Ces larmes sont moins abondantes, voire inexistantes, quand votre bébé dit *nah*. Enfin, les bébés qui disent régulièrement *nah* ont en général la peau sèche.

Repérer la sonorité sèche des pleurs

Quand il pleure *nah*, la voix de votre bébé est moins fluide, plus râpeuse. C'est une autre conséquence du réflexe physique. Chez l'adulte aussi, quand la gorge s'assèche, la voix s'éraille.

Constipation

Je suis effarée par le nombre de gens qui foncent sur le jus de pruneau ou sur les laxatifs pour nourrisson afin de soulager un bébé constipé, avant même de lui avoir donné de l'eau, tout simplement ! Lorsque vous commencez à donner des aliments solides à votre enfant, vous constaterez sans doute que ses selles s'assèchent. Si votre bébé est constipé, le meilleur remède, c'est l'eau !

L'eau, le sommeil de nuit et l'inévitable retard pour une tétée

Depuis longtemps, certaines mères utilisent les biberons d'eau pour apprendre aux bébés à faire leurs nuits complètes ou adapter leur routine aux impondérables de la vie. Elles ne cherchent pas à supprimer une tétée, mais à la reporter de dix ou quinze minutes. Comme la faim des adultes, l'appétit des bébés suit parfois un rythme tellement régulier qu'ils ont faim tous les jours aux mêmes heures. Si ces horaires conviennent à la routine familiale, cela ne pose aucun problème. S'il faut les adapter, un biberon d'eau soulage l'enfant de son besoin psychologique et reporte progressivement à plus tard son besoin physiologique de nourriture. Les adultes agissent exactement de la même manière quand ils prennent un apéritif en attendant leur dîner : la boisson étanche les premiers tiraillements de la faim. Cette pratique n'est évidemment pas recommandée avec les nouveau-nés, mais on peut donner de l'eau à un bébé plus âgé, en petite quantité et occasionnellement, afin de ne pas perturber ses apports nutritionnels.

Si votre bébé se réveille en disant *nah*, vous pouvez être sûr qu'il a juste besoin d'un petit peu d'eau avant de se rendormir. Dans les climats chauds et humides, cela arrive souvent. En lui donnant un petit peu d'eau, vous lui offrez une heure ou deux de sommeil supplémentaire sans semer la pagaille dans votre routine de tétées.

Vous pouvez aussi lui proposer de l'eau quand vous avez besoin de gagner du temps et de décaler l'heure de la tétée : quand vous êtes en retard, à cause d'un embouteillage par exemple ou quand vous avez besoin de plus de temps pour produire du lait, à moins que vous soyez à court de lait maternisé.

Quel type d'eau donner

Il est préférable de ne pas donner d'eau fluorée à un bébé. Or dans la plupart des pays occidentaux, l'eau du robinet est fluorée. Vous pouvez la filtrer ou acheter de l'eau en bouteille peu minéralisée, avec une teneur en sodium faible (vous pouvez vérifier les teneurs exactes des différents sels minéraux sur l'étiquette). De nombreuses mères préfèrent faire bouillir l'eau. Toutefois, il a été démontré que stériliser excessivement ne permet pas au bébé de fabriquer correctement son immunité.

On donne toujours de l'eau à température ambiante : le bébé risque de la recracher si elle est trop chaude ou trop froide. De plus, trop chaude, elle risque de lui brûler la bouche, la langue et la gorge. Une eau dont la température vous semble correcte peut être trop chaude pour l'enfant. En cas de doute, mieux vaut opter pour de l'eau froide que de l'eau chaude. Les bébés se brûlent facilement.

On donne de toutes petites quantités d'eau, quelques gorgées, au moyen d'un biberon ou à la cuillère. J'ai notamment vu des infirmières donner de l'eau à la cuillère à des bébés allaités au sein. Les quantités bues doivent rester faibles : on ne remplace pas une tétée avec de l'eau. Quand le bébé grandit et que son alimentation se diversifie, il peut boire dans une tasse anti-fuite. Une fois plus âgé, on a moins besoin de limiter le volume bu.

Je trouve que *nah* est un mot intéressant, car de la naissance à quatre mois, il provoque une simple prise de conscience : vous avez besoin de boire plus si vous allaitez au sein ou de lui proposer un peu de lait entre les heures des tétées prévues si le temps est au beau fixe ou si le chauffage fonctionne à fond. En gros, jusqu'à quatre mois, on calme les pleurs de type *nah* en nourrissant son bébé. Après, on peut lui proposer de l'eau, mais en petites quantités. Si malgré tout votre bébé a encore très soif, il est important de consulter votre médecin. Il écartera tout autre éventuel problème.

17. *Ouin* : je n'en peux plus

Quand votre bébé perd pied, vous l'entendrez pleurer *ouin*. Vous saurez alors qu'il a été trop stimulé et n'est plus capable de gérer la situation. Ce son apparaît surtout dans la phase des hurlements : il est donc aigu, fort et se répète rapidement.

Tel un précurseur du réflexe de lutte ou de fuite des adultes, *ouin* est une réaction physique provoquée par le stress. Il est possible qu'elle ait servi à effrayer les prédateurs, tel un mécanisme de protection. Elle engendre un vagissement très aigu, très fort – on a du mal à croire qu'il provienne d'un si petit animal – et alerte les parents d'un problème. En général, le cri s'accompagne d'une rigidité corporelle et de mouvements saccadés, afin, peut-être, de repousser un éventuel danger. Alors que ces mécanismes instinctifs de survie n'ont plus d'utilité dans notre civilisation, ils perdurent, pour protéger notre bébé.

La nature a bien fait les choses : ces réflexes servent à éloigner un prédateur, mais, comme ils posent problème au quotidien, elle a créé un système ingénieux pour aider les nouveau-nés à ne pas ressentir trop de stress. En effet, les bébés naissent sans la capacité d'accommoder leur vue en fonction de la distance. Ils ne peuvent voir clairement qu'entre 20 et 30 centimètres devant eux, mais pas forcément toutes les couleurs. Plus ils grandissent, mieux ils voient et réagissent à de nouveaux stimuli. De plus, à la naissance, leur capacité à se mouvoir est limitée, ce qui participe à minimiser les réactions aux stimuli, tant qu'ils sont tout-petits. On peut voir aussi le gros besoin de sommeil des nouveau-nés comme une forme de défense intégrée qui les protège d'un excès de stress, de stimuli. Vous remarquerez que si votre bébé manque de sommeil, alors il aura tendance à exprimer plus de stress et vous entendrez davantage *ouin* régulièrement dans ses pleurs.

Le seuil de surstimulation des nouveau-nés est très bas. Ils commencent tout juste à s'habituer au fonctionnement de leur corps, aux lumières, aux sons de ce monde et aux stimulations tactiles qu'ils perçoivent. Ces sollicitations débordent parfois même les plus robustes et les plus placides des bébés ! Quand vous entendez *ouin*, vous pouvez abaisser le niveau de stimuli autour de votre bébé et l'aider à se calmer.

Le seuil de stimulation acceptable, ne provoquant pas de réaction de stress, varie pour chaque bébé. De plus, il fluctue au fil du temps ! En fonction de la qualité de son sommeil, du temps écoulé depuis la dernière tétée, d'une éventuelle poussée de croissance en cours ou d'un autre malaise... Il dépend aussi de la personnalité et du tempérament du bébé.

Il est utile de se rappeler que ce que nous acceptons comme supportable, au fil de la journée, dépasse souvent les capacités d'adaptation d'un tout-petit. Il est important d'en être conscient et de compatir avec le niveau de stress de son bébé. Parfois, nous aussi, nous nous sentons trop sollicités par notre environnement ! Notre monde moderne offre davantage de stimulations qu'auparavant : les lumières éclatantes, les téléviseurs claironnant à longueur de temps, les ordinateurs allumés toute la journée, les sonneries des téléphones mobiles, le grondement des machines à laver, les lampadaires éblouissants, les vrombissements des voitures et autres engins, les sirènes d'alarme ou de pompiers... Si parfois toutes ces sollicitations vous épuisent et vous écrasent, même vous, vous comprendrez facilement que même à toute petite dose, elles puissent submerger un bébé.

Une simple promenade suffit parfois à franchir un seuil et à déclencher du stress. Dans de nombreuses cultures, les bébés ne sortent pas de chez eux pendant leur premier mois et les visites sont restreintes au minimum. L'objectif est de maximiser le temps que les parents passent avec leur bébé à apprendre à se connaître, au calme. Cette approche plus douce convient peut-être mieux à votre bébé.

Dès que votre enfant dit *ouin*, vous savez qu'il a atteint ses limites. C'est le moment d'arrêter ce que vous étiez en train de faire et d'abaisser le potentiel stressant de son environnement.

À quoi ressemble le mot *ouin*

On entend *ouin* dans les mots « pingouin », « baragouin », « shampooing » et « tintouin ». C'est aussi la fameuse onomatopée utilisée au quotidien pour indiquer un bébé en larmes. Contrairement aux autres mots, *ouin* est entouré de très peu d'autres sons ; en revanche, le bébé le répète, en boucle. Une de ses caractéristiques clés, sa nature tonale, le rapproche de nos *arrrggghhh !* d'adultes, expressions d'une frustration. Chez les bébés, *ouin* se repère aussi grâce à sa nature répétitive, presque semblable au lent trille d'un oiseau.

Dans le monde animal, un trille sert à créer un son portant sur une longue distance, contrairement à une note seule, utilisée lors de communications rapprochées. Comme *ouin* est aussi un trille lent, on l'entend de partout dans la maison, dans le jardin, en tous lieux ! Le résultat est immédiat, car très peu de personnes peuvent supporter ce cri sans chercher à prendre dans leurs bras le bébé qui l'émet. Quand un humain entend ce cri, il est poussé à agir au plus vite.

Pour produire ce son, on pousse l'estomac vers l'avant et on l'y maintient. Cela oblige à respirer jusqu'en bas des poumons. Inspirer en ouvrant la bouche, langue abaissée et plate. En ajoutant la vocalisation, on produit naturellement le son *ouin*. En répétant ces mouvements plusieurs fois de suite, on crée un trille lent, même en respirant rapidement.

Je trouve intéressant le fait que le son *ouin* demande si peu d'énergie. Un mouvement de la langue ou dans la gorge si faible, peut-être s'agit-il d'un mécanisme visant à conserver le maximum d'énergie jusqu'à ce que le nourrisson soit retrouvé par sa tribu.

La fabrique du mot *ouin*

Quand votre bébé émet le son *ouin*, vous remarquerez les tremblements de son menton, la rigidité de son corps. Il est clairement en détresse.

On peut dire que le son *ouin* semble à la fois serré et ouvert. La contracture généralisée du corps du bébé, les muscles bandés s'opposent à l'ouverture de la bouche et de l'œsophage. Le bébé tend des bras raides devant lui. Souvent, on le voit trembler, telle une corde tendue sur le point de casser. Quand vous le prenez dans vos bras, il reste raide, ne se détend pas, ne se blottit pas contre vous. En général, il dit plusieurs fois *ouin* avant d'avoir besoin de respirer.

Entendre le mot *ouin*

Imaginez quelqu'un en état d'hyperventilation ou en pleine crise d'anxiété. Quelque chose a sonné l'alerte dans son esprit et provoqué une réaction physique de vigilance sans objet précis, avec accélération de la respiration et du rythme cardiaque, augmentation de la température corporelle et souvent, des pleurs. Cette personne est sur le qui-vive et peut se sentir nauséeuse (parfois, elle vomit vraiment).

Quand nous entendons *ouin* dans les pleurs de notre bébé, nous observons des réactions physiques similaires, mais à plus petite échelle. Un rien peut les provoquer. Les *ouins* d'un bébé sont nettement plus fréquents que les pics d'angoisse des adultes et sont déclenchés par des événements bien plus ordinaires. On entend *ouin* chaque fois que l'enfant est trop stimulé, quel que soit le stimulus : il a attendu trop longtemps son biberon, elle est trop fatiguée pour s'endormir, il entre dans une pièce trop bruyante ou trop éclairée, de trop nombreux nouveaux visages se penchent sur elle pour faire sa connaissance. Le stimulus déclencheur du « je n'en peux plus » peut venir d'un objet ou des circonstances.

Quand il dit *ouin*, le bébé a des difficultés à prendre le sein ou la tétine, recrache souvent ce qu'il a avalé ou mouille sa couche. Il peut sembler en état d'hyper vigilance et nous nous trompons alors, croyant qu'il souhaite jouer. De nombreux parents interprètent mal ce signal, croient que l'enfant veut interagir avec eux et sont pris de court quand il se met soudain à hurler. Dans ces situations, on dit que l'enfant « démarre au quart de tour ».

Une fois « lancés », j'ai remarqué pendant mes recherches que ces bébés ne réagissent plus aux stimuli déclencheurs des réflexes de préhension plantaire ou de succion. Il semblerait que la réaction physique enclenchée quand ils sont submergés inhibe les autres réflexes. Physiquement, ces bébés restent raides et leurs réflexes ne reviennent à la normale qu'une fois calmés.

Il est bon de se souvenir que quand un bébé pleure *ouin*, on ne peut pas satisfaire ses autres besoins tant qu'il n'est pas apaisé. Dès qu'il commence à dire le mot *ouin*, vous savez que votre enfant a atteint sa limite. Vous devez reporter votre attention sur lui et supprimer les facteurs de stress autour de lui.

18. Les solutions pour *ouin*

Ouin signifie « je n'en peux plus ». Vous entendrez ce mot dans les pleurs de votre bébé quand il a été trop stimulé et qu'il est exténué, au bout du rouleau. Il est préférable d'agir rapidement, car ce type de pleurs se nourrit de lui-même, créant un effet boule de neige qui augmente exponentiellement la difficulté à calmer le bébé.

Première urgence, l'éloigner de toute stimulation ! Une fois moins affolé, quand il commence à se détendre, on peut s'occuper des causes de son débordement.

Trop de stimulation + trop tôt = un bébé submergé

Pendant que j'étais enceinte, j'ai joué de la musique classique à mon bébé. Quand il est né, j'avais tout un programme de choses que j'avais envie de faire avec lui : écouter de la musique classique, lire des histoires, jouer dehors, dessiner, créer des choses… Je n'avais pas du tout réalisé

> *qu'on ne fait pas toutes ces choses avec un nouveau-né ! Quand mon fils pleurait, je croyais qu'il s'ennuyait alors je le sortais encore plus, je lui racontais encore plus d'histoires et ainsi de suite. La situation s'est tellement dégradée qu'il n'arrivait plus à s'endormir, à manger et passait son temps à pleurer. Quand j'ai appris le mot* ouin, *j'ai compris qu'il était juste trop stimulé. Je me suis mise aux activités calmes et je l'ai câliné plus – des choses toutes simples, comme le prendre dans mes bras et le laisser explorer ses doigts. Le revirement a été spectaculaire : en trois jours seulement, c'était un autre bébé. Il pleurait nettement moins, se nourrissait mieux et a fait des nuits de six heures !*
>
> *Geneviève*

La réponse combat-fuite est un de nos instincts essentiels les plus primitifs. Cette réaction automatique innée participe à notre sécurité. Elle est un des gages de notre survie. La nature a équipé notre nourrisson de mécanismes afin de le protéger de l'overdose de stimulation, mais comme il ne sait pas se mouvoir, il est incapable d'éviter (fuir) une sollicitation de trop. À nous de créer un environnement adapté, avec un juste équilibre entre le calme et l'excitation. Nous avons tendance à oublier à quel point notre monde peut être stimulant et écrasant pour un tout-petit.

Il suffit d'une pièce remplie de gens, d'un téléviseur trop sonore, d'une longue journée et votre bébé craque au moment de prendre son bain, parce que c'est le changement de trop qu'il n'arrive pas à gérer. Mais le déclencheur varie. Trop de changements de bras, trop d'enfants demandant à ses petits doigts de s'accrocher à eux, trop d'immobilité ? Trop de lumière ? Au début, la lumière les distrait, mais à la longue, elle peut les submerger : on oublie que les bébés passent beaucoup de temps allongés sur le dos à regarder les plafonniers au-dessus d'eux. Parfois, on parvient à les réconforter en baissant simplement l'intensité de l'éclairage.

En réagissant aux pleurs *ouin*, vous vous entraînez à rester à l'écoute des besoins de votre bébé. Avec le temps, il l'internalisera et apprendra à se réguler lui-même : quand « trop, c'est trop », on a tous besoin de faire une pause pour se recentrer. Vous ne gâtez pas votre bébé en satisfaisant ses besoins. Vous lui donnez l'exemple.

Quand votre bébé dit *ouin*, vous devez l'éloigner de la source de son exaspération : soit vous supprimez le stimulus déclencheur, soit vous déplacez votre enfant vers un endroit plus calme.

Les Mamies ont toujours raison : l'apaisement primaire

Nous connaissons tous des grands-mères et des infirmières qui arrivent à calmer instantanément un bébé en pleurs en le prenant juste dans leurs bras. Elles jouent sur le registre de ce que j'appelle l'apaisement primaire[1]. Je suis moi aussi capable de réaliser cet exploit. En fait, cela s'apprend assez facilement. Comme les bébés sentent le niveau de confiance des personnes à leur contact et cherchent à être rassurés, à se sentir en sécurité, on peut expliquer l'efficacité de l'apaisement primaire par l'idée de « domination primitive ». Le bébé sans défense attribue à l'adulte le plus fort, le plus en confiance, donc à l'adulte « dominant », de meilleures chances de le garder en vie. Il sait si l'adulte qui le porte manque de confiance ou a peur. Il sent ses mains hésitantes et perçoit les battements rapides de son cœur.

Une fois dans les bras, le bébé ne fait pas la différence entre ses propres battements de cœur rapides et ceux de la personne qui le porte. C'est pourquoi les méthodes inspirées par l'apaisement primaire commencent toutes par un mouvement sur un rythme soutenu, au diapason des battements de cœur du bébé. La menace perçue par le bébé s'évanouit progressivement quand il sent le ralentissement à la fois du rythme cardiaque de l'adulte et de ses mouvements.

Les grands-mères et les infirmières qui possèdent ce « don » de calmer les bébés prennent ces derniers dans des bras fermes et calmes. Le bébé réagit instantanément à cette confiance. Il sent

1. Dans *J'ai plus peur, aider un enfant à surmonter ses craintes* (Collection Parent +, Lattès, 2013) l'auteur Lawrence Cohen évoque cette Approche Primaire. Cf. chapitre 2, page 94. (*NdT*)

qu'il est tenu par une personne compétente et aux commandes. Même s'il continue de pleurer, l'infirmière n'hésite pas : intuitivement, elle se lève, tapote le dos du bébé, le berce d'un mouvement rapide au départ et le ralentit au fur et à mesure que le bébé se calme. De telles scènes d'apaisement primaire se déroulent partout dans le monde, dans de nombreuses cultures.

Une méthode ancestrale : la posture cœur à cœur

- De sa main gauche, on soutient le corps de l'enfant contre notre poitrine, au niveau du cœur. De l'autre main, on plaque son corps contre notre peau. Si le bébé est tendu, on le tient fermement ; nos doigts soutiennent sa tête et l'empêchent de tomber en arrière.

- On inspire puis on expire profondément, en étirant notre cage thoracique contre l'enfant. On accélère délibérément le mouvement de notre respiration et on suit le tempo de celle de l'enfant.

- Une fois que l'on respire au même rythme, on ralentit peu à peu notre respiration : celle du bébé suivra.

Utiliser le rythme

- Le bébé bien au chaud contre notre poitrine, nous positionnons nos pieds l'un derrière l'autre.

- Se balancer d'avant en arrière, en commençant avec un mouvement rapide. Décélérer ensuite lentement. Garder la conscience du rythme, de rapide à lent, pour s'harmoniser avec les mouvements du bébé et les ralentir.

- Selon le même principe, on peut tapoter le dos du bébé, de bas en haut. Au début, le bébé donne le rythme, puis on ralentit les mouvements au fur et à mesure qu'il se tranquillise.

Toujours en rythme, on peut passer la main sur le front du bébé puis sur son nez, en lui fermant doucement les yeux. On répète le mouvement dans un geste ample et lent, jusqu'à ce qu'il ferme les yeux et s'apaise. On peut aussi passer du front du bébé à l'arrière de la tête. Si ce mouvement le calme, on peut l'appliquer à la colonne vertébrale, à la plante de ses pieds et aux mains.

Résoudre* ouin *renforce notre confiance en tant que parent

Avant, je n'étais pas à l'aise avec ma fille si elle pleurait. Chaque fois, je la tendais à la nounou. J'étais gênée : ma fille semblait préférer une étrangère à sa mère ! Et puis j'ai appris à la bercer en respirant à son rythme, en ralentissant progressivement, au fur et à mesure qu'elle se calmait. J'étais capable de l'apaiser ! J'ai appelé ça ma « danse du ouin*». Maintenant, quand j'entends* ouin*, je la prends dans mes bras, je la berce et je respire en rythme. Ça fonctionne comme par magie. Et je ne me sens plus autant à côté de la plaque !*

STACY

Réduire le stress, pas le lien

Les bébés n'ont pas les mêmes facteurs ni les mêmes seuils de déclenchement de stress que les adultes. Dans mon travail avec des familles, je rencontre souvent des parents attentifs, sensibles, qui ont du mal à reconnaître la tension chez leur bébé. Ils en repèrent avec encore plus de difficulté la source. Vous trouverez ci-dessous les facteurs déclencheurs les plus fréquemment « zappés » et des astuces pour les gérer, fondées sur votre lien avec votre bébé. Quand votre bébé dit *ouin*, voici quelques problèmes possibles.

Trop d'interactions

Même si les bébés sont programmés pour se lier à leurs figures d'attachement principales, l'excès nuit en toute chose. Trop de changements de bras, trop de regards à rendre, trop de demandes de contact peuvent faire craquer un bébé. Plus il est petit, plus il réagira fortement à ce facteur de stress. N'en déduisez pas pour autant qu'il faut demander à votre belle-mère de reporter sa visite (bien tenté !), mais assurez-vous plutôt que votre bébé aura le temps de manger et de se reposer avant de la voir. Vous pouvez aussi (gentiment) insister pour que la visite se déroule chez vous : quand votre bébé donnera des signes de saturation, vous le déplacerez dans une pièce plus calme, si possible avant qu'il n'explose en *ouin*. En contrôlant à la fois son environnement et le nombre de personnes présentes, vous mettez toutes les chances de votre côté et la visite se déroulera au mieux, à la fois pour Mamie et pour le bébé.

Trop de stimulation des sens

La surstimulation sensorielle est très fréquente chez les nourrissons. Souvent, la dose normale pour un adulte dépasse ce qu'un bébé peut supporter. Voici quelques exemples :

- Stress auditif. Repérer les bruits excessifs tels que : musique énergique, téléviseur, brouhaha, bourdonnement d'un climatiseur, sirène…

- Stress visuel. Les déclencheurs sont multiples : plafonnier ou autre éclairage allumé, mobiles, téléviseur, soleil, couleurs vives, objet en mouvement, activité des frères et sœurs, amis et famille, trop de visages souriants voulant charmer le bébé (surtout s'il s'agit de visiteurs), un regard qui s'accroche au sien pendant trop longtemps...

- Stress tactile. Pour ne nommer que quelques déclencheurs : quand le bébé passe dans les bras de trop nombreuses personnes, quand il porte des vêtements inconfortables ou reste trop longtemps dans un siège auto ou une balançoire automatique, quand des enfants le touchent...

- Stress corporel, physiologique ou interne. Ce stress peut survenir si votre bébé attend trop longtemps entre deux tétées, ne dort pas assez ou saute une sieste, si la température ou le temps change, si sa position ne lui convient pas (assis ou couché) ou s'il a quitté son environnement familier depuis trop longtemps.

Couper l'herbe sous le pied des ouin *avant même leur déclenchement*

Les besoins corporels de ma fille lui procuraient beaucoup de stress, un stress interne. Si je devais sortir faire les courses, il fallait le faire juste après une sieste, un changement de couche ou une tétée. Si j'allongeais la durée entre deux tétées, cela la perturbait tellement que je ne pouvais plus rien faire ! Une fois que j'ai pris conscience de son rythme et que je me suis assurée de lui donner ce dont elle avait besoin avant qu'elle ne craque, les crises incontrôlables de ouin *ont cessé.*

Tonya

Autres stratégies pour apaiser les *ouin*

Environnement calme, bébé calme

Nous sommes des mères modernes. On nous a programmées à croire que nous étions censées être remises sur pied et opérationnelles rapidement, même si nous venons juste d'accoucher. Nous sommes persuadées que nous devons être aussi engagées et actives à l'extérieur qu'avant la naissance de notre enfant, presque immédiatement. Peut-être le sommes-nous, mais notre bébé ? Est-il prêt, lui, à participer au monde ? Il n'est pas rare pour un nouveau-né d'être submergé par le simple fait de quitter sa maison ! D'abord, les nouveaux sons, les nouvelles lumières l'exciteront, mais très vite, ce sera l'overdose. Mon fils ne supportait que des sorties très courtes, une seule entre deux siestes. C'est pourquoi j'ai suivi la coutume australienne du « quatrième trimestre » : en Australie, le premier trimestre après la naissance de l'enfant est vu comme un prolongement des trois trimestres de la grossesse, une période pendant laquelle les parents s'attachent à créer un cocon autour du nouveau-né aussi rassurant que possible. Nous cherchons à faciliter son acclimatation à notre monde.

La vie de votre fille peut vous sembler ennuyeuse. Mais elle est très occupée à apprendre à maîtriser son corps, à le faire fonctionner. Elle apprend aussi à manger, à dormir et à s'attacher à son père et à sa mère. Ce n'est pas tout, elle doit aussi s'habituer au monde, au sens large. C'est un travail à temps plein.

Casser le cycle

Souvent, l'exaspération se nourrit d'elle-même et les pleurs redoublent. Le bébé est alors incapable de se calmer. Dans ce cas, il peut être nécessaire de le changer d'environnement pour casser le cycle des pleurs, vous donner de la place et aider votre enfant à surmonter la difficulté.

Changer d'air

Parfois, un changement de température ou un peu de vent sur le visage aide l'enfant à surmonter sa crise de *ouin*. Vous pouvez sortir, marcher dehors avec lui. Tout simplement, cela l'aide à se recentrer. Chez vous, vous obtiendrez un effet similaire en le berçant devant un ventilateur ou la porte ouverte du congélateur. Vous pouvez aussi lui couvrir les yeux d'une main et souffler sur son visage. L'objectif: casser le cycle des pleurs. Après, on enchaîne avec les techniques d'apaisement discutées ci-dessus. La pause risque d'être courte, mieux vaut être prêt à en profiter.

Utiliser le bruit à bon escient

Certains bruits brisent la spirale des *ouin* puis aident le bébé à se calmer. Parfois, un simple « ch, ch » ou « chut, chut » suffisent, mais j'ai entendu un nombre incroyable d'histoires de machines à laver la vaisselle, d'aspirateurs ou de climatiseurs parvenant à endormir un enfant en pleine crise de larmes ! Avec leurs nombreux réglages et ambiances sonores, les appareils de relaxation recréant des sons naturels remportent un franc succès : votre bébé aimera s'endormir au bruit des vagues, de la pluie sur les arbres ou simplement en position « bruit blanc » pour masquer les autres bruits ambiants. Sinon, n'hésitez pas à lui chanter une berceuse : tous les bébés aiment les voix de leurs parents.

> ***Sauvés par les cloches***
>
> *Nous avions de grosses difficultés à faire cesser le crescendo de* ouin. *Tout s'est débloqué le jour où ma fille aînée de trois ans s'est mise à agiter son petit jeu de clochettes. Avec l'interruption sonore, mon fils a repris son souffle et quand je l'ai bercé et caressé, ça a marché ! Sans les clochettes, il aurait hurlé pendant des heures sans interruption.*
>
> *DAVID*

L'eau

Faire couler un bain, allumer l'eau de la douche : le bruit de l'eau et la vapeur changent l'atmosphère et peuvent contribuer à calmer votre bébé. De plus, les salles de bains tendent à avoir des dimensions réduites et proposer un nombre restreint de stimulations : pas de téléviseurs, pas de jouets, peu de personnes présentes. Il n'est pas nécessaire de donner une douche au bébé. En général, il suffit d'entrer dans la salle de bains et de laisser couler l'eau. Si vous vous sentez de chanter une petite berceuse, n'hésitez pas : toutes les voix sonnent mieux dans les salles de bains !

Arrosé d'amour

En fin d'après-midi, Terry disait souvent ouin, *surtout s'il avait passé la journée à la crèche. Je le ramenais en pleurs à la maison et il pleurait non-stop. La meilleure façon de le calmer, c'était de le doucher. Je ne sais pas exactement ce qui était si efficace : le bruit de la douche, la vapeur ou peut-être les ions positifs dégagés par l'eau... Mais ça marchait à tous les coups.*

ALISON

Apaiser *ouin* avec le mouvement

Les poussettes

Une poussette, quel cadeau du ciel, parfois ! En un clin d'œil, on transporte un bébé hurlant dans un autre environnement, on change d'atmosphère et on casse la spirale infernale des *ouin*. On peut aussi faire rouler la poussette d'avant en arrière, en suivant un rythme régulier. Ce type de mouvement peut calmer un bébé très énervé. Comme pour les postures décrites ci-dessus, on commence par un rythme soutenu en phase avec le rythme cardiaque du bébé, de sa respiration, de ses pleurs ; puis on ralentit doucement jusqu'à un mouvement lent d'aller-retour.

Vous pouvez aussi positionner votre enfant face à un coin obscur de la pièce (s'il fait nuit) ou poser un linge sur l'avant de la poussette, afin de minimiser les distractions et réduire le niveau de stimulation visuelle. L'obscurité et le linge l'aideront à se calmer.

Transats et balancelles

Il existe toutes sortes de balancelles pour bébés. Les plus simples permettent de les bercer d'un pied. Plus ils grandissent et plus ils savent donner des coups de pied pour se bercer sans votre aide. Il existe divers modèles qui bercent d'avant en arrière ou d'un côté à l'autre. Si vous avez plusieurs enfants (en plus de vos responsabilités extra familiales), vous pouvez confier à un plus grand la tâche de bercement, après vous être assuré que l'aîné a la maturité requise et accomplira sa mission en toute sécurité. Sinon, il existe des balancelles électriques. Le coût des piles vaut largement le calme obtenu, surtout si vous gérez un bébé en pleurs depuis quelque temps et vous sentez vous-même exténué(e), au bord du *ouin* !

La voiture

De nombreuses familles prennent le volant et conduisent pour apaiser leur bébé. C'est plus facile aux États-Unis, où l'on peut sortir les sièges auto de la voiture. Dans de nombreux autres pays, les parents doivent sortir le bébé de la voiture sans le siège auto, ce qui peut réveiller l'enfant et le relancer dans un cycle de pleurs malgré la promenade en voiture. On ne peut pas prendre la voiture chaque fois que l'enfant pleure, mais c'est une stratégie à envisager quand rien ne le calme.

Porter son enfant

Une mère très astucieuse m'a confié que les postures de yoga calmaient son enfant : non pas des postures de yoga pour bébé, mais le yoga pour la Maman, tandis qu'elle portait son enfant ! Apparemment, les mouvements complexes apaisaient ses pleurs tandis que la proximité cœur à cœur le tranquillisait. On peut adapter cette idée sur un tapis roulant, un vélo d'intérieur ou simplement en marchant avec le bébé collé à soi dans une écharpe de portage ou un porte-bébé. Dans tous les cas, tout en protégeant et en tenant la nuque et la tête du bébé, on s'assure de ne faire aucun mouvement qui puisse le secouer.

La succion

La succion peut aider un enfant en pleurs, mais votre proposition de tétine sera mieux acceptée si vous interrompez d'abord le cycle de pleurs. Vous expérimenterez différentes méthodes d'apaisement jusqu'à ce qu'une petite fenêtre d'opportunité s'ouvre et hop, vous pourrez lui glisser la tétine ou mieux encore, le sein, dans la bouche avant qu'il n'ait le temps de repartir pour un tour.

Conclusion

Mon fils est le plus merveilleux petit garçon du monde. Mais comme cela arrive à pratiquement tout le monde un jour ou l'autre, il a récemment été convoqué dans le bureau du directeur de son collège. Quand ce monsieur lui a annoncé qu'il avait l'intention de m'appeler, mon fils a répondu : « Parfait. Moi aussi, je pense qu'elle devrait être là. » Quand le directeur m'a raconté la réaction de mon fils, je n'ai pas pu m'empêcher de sourire : quand Tom a un souci, il me fait confiance. Peu importe la bêtise, il se sent en sécurité avec moi.

Quand on comprend le langage de son bébé dès les premiers jours de sa vie, j'aime croire que l'on pose les premières briques de la confiance parent-enfant dont chacun rêve. Je l'ai constaté aux premières loges en travaillant avec des parents : ce rêve nous anime tous, parents banlieusards et parents motards, agriculteurs turcs producteurs de tabac ou starlettes de Hollywood, mères réfugiées ou diplomates des Nations unies, ados membres d'un gang ou mères au foyer. Nous partageons un même espoir : des enfants heureux, en bonne santé, membres actifs de la société, avec qui nous partageons un lien fort, même une fois qu'ils ont leurs propres enfants. Quel que soit notre contexte, nous pouvons tous être de merveilleux parents et élever des enfants heureux, bien dans leur peau. C'est possible dès le premier jour, si nous avons confiance dans notre capacité à satisfaire les besoins de notre bébé. J'espère sincèrement qu'en comprenant les pleurs de votre enfant, vous faites le premier pas vers une vie remplie d'échanges fructueux et de relations affectueuses entre vous et votre enfant.

Remerciements

Merci aux nombreux parents ayant contribué à la naissance de ce livre. Vous êtes mes sources d'inspiration. Merci aux premières mamans ayant testé ma classification des pleurs des nourrissons et aux nombreuses autres qui continuent de m'aider à travers leur soutien et leurs recherches de tous les instants.

Merci à Tom Dunstan. Ton premier cri a eu le don de rendre la vie plus facile à des millions d'autres bébés. Ta voix a permis aux voix d'autres bébés d'être entendues. Je suis persuadée que quand tu seras grand, quoi que tu deviennes, ce don t'accompagnera. Merci d'être la personne si gentille, attentionnée et intelligente que tu es.

Merci à Kasey Byrne, mon bras droit, la seule personne au monde capable de traduire mes « priscillonades » en concepts faciles à comprendre, à l'écrit comme à l'oral. Tu es géniale et je suis honorée de te compter comme amie.

Merci à Megan Newman, à son intelligence, attention et professionnalisme indéfectibles au service de ses auteurs. Vous m'avez aidée à donner le meilleur de moi-même. Votre finesse et votre force de conviction m'ont apporté de grandes bouffées d'oxygène. J'ai beaucoup de chance d'être publiée chez vous.

Merci à Toni Sciarra Poyner qui a rendu l'étape des corrections indolore et motivante. Vous avez clarifié des passages difficiles, amélioré l'équilibre entre l'information et l'empathie, le tout avec grâce, intégrité, curiosité et humour.

Merci à Philip Beazley qui a répondu à mes très nombreuses questions avec patience. Non seulement vous m'avez soutenue, mais vous m'avez aussi procuré un sentiment de sécurité pendant que j'avançais. Je salue votre grandeur d'âme.

Merci à Bob Stein pour ses conseils d'ordre légal. J'ai été particulièrement touchée par votre intérêt pour le produit final (et non juste pour le contrat).

J'ai eu l'immense chance d'être influencée par une armada de gens d'une grande sagesse. Chacun m'a soutenue de nombreuses façons différentes. Ma gratitude va à Adil Edgu, Mark Tognolini, Alexandra Van Rijn, Lorna Elliot, Prue Ives, Terese Mudgway, Lisa Higgins, Jill Miller, Oprah Winfrey, Rupert Murdoch, Michell Conn, Natalie White, Jessica Thomas, David Wilson, Kelli Harris, Dee Barry Lester, Linda Lagasse, Nadine Watt, Mark Rivett et bien sûr, à mon père, Max Dunstan.

Dans la même collection :

Elizabeth Crary, *Arrête d'embêter ton frère, laisse ta sœur tranquille*, 2012.
Elizabeth Crary, *Je veux, maintenant !*, 2015.
Jan Faull, *C'est moi qui décide !*, 2012.
Lawrence Cohen, *Qui veut jouer avec moi ?*, 2013.
Lawrence Cohen, *J'ai plus peur*, 2016.
Dr Frances E. Jensen avec Amy Ellis Nutt, *Le Cerveau adolescent*, 2016.
Dr Leonard Sax, *Pourquoi les garçons perdent pied et les filles se mettent en danger*, 2014.
Elizabeth Pantley, *Elle est où, maman ?*, 2014.
Helen F. Neville et Diane Clark Johnson, *Chacun son caractère*, 2015.

CET OUVRAGE A ÉTÉ COMPOSÉ PAR PCA
POUR LE COMPTE DES ÉDITIONS J.-C. LATTÈS
ET ACHEVÉ D'IMPRIMER EN FRANCE
PAR CPI BUSSIÈRE
EN SEPTEMBRE 2016

N° d'édition : 01. – N° d'impression : 2025565
Dépôt légal : octobre 2016